JN291687

カミユとヴェイユ
信仰と愛をめぐって

林 裕之

梓書院

Camus et Weil
Sur la foi et de l'amour

アルベール・カミュ

シモーヌ・ヴェイユ
ニュー・ヨークにて（1942）

カミュとヴェイユ
― 信仰と愛をめぐって ―

林　裕之

推薦の言葉

　林裕之さんが新著を出されるという。題して『カミュとヴェイユ─信仰と愛をめぐって─』という。前著『シモーヌ・ヴェイユと神の愛』はシモーヌ・ヴェイユにひたすら肉薄し、その語りかけにひたすら傾聴しようとするものであった。それは専門的な研究書というよりも、ヴェイユに対する熱い思いをぶつけた愛の告白であった。それに対して、この度の新著において、林さんは、ヴェイユとカミュの関係を明らかにしようとしておられる。その意味において、著者はヴェイユとは少し離れた所から問題を捉えようとしているといえるかもしれない。

　ヴェイユとカミュの関係は微妙で難しい、だから面白い、と私には思われる。事実としては、ヴェイユの死後彼女が書き残していた原稿をカミュが読みその意義を認めて、ヴェイユを世に紹介する労をとったのである。その限り、我々はカミュのヴェイユ理解と評価を知ることができる。しかし、逆に言えば、ヴェイユはカミュを知らないし、彼女のカミュ理解・カミュ評価を直接に知ることはできない。それでも、我々はヴェイユの事績・ヴェイユのテキストの中に彼女のカミュ評価を推測することはできるであろう。林さんはこのことに学問的な興味を覚え、本書においてこの甚だ困難な課題に挑戦しているのである。

　著者の林さんは若い時から比較思想や比較宗教に強い関心を持っておられた。特にキリスト教と仏教の比較研究に興味を持ち、西日本比較宗教学会などに積極的に参加されていた。よく知られているように、比較研究は当節の流行りである。ある思想が生まれるため

には、先行の思想の影響や同時代の文化との折衝などが顧慮されねばならない。研究対象だけを見ておけば良いというわけにはいかない。両者の歴史的関係を研究することは可能だし、重要である。アランがヴェイユに与えた影響、あるいはグルニエがカミュに与えた影響などは史料に即して実証的に研究できるであろう。

　しかし、歴史的な接触が全くない思想を、ただ似ているというだけで比較したり関連付けたりできるであろうか。たとえば、親鸞とルターを比較することは学問的に可能であろうか。色々な議論が必要であろう。どうすれば思いつき以上のことが明らかになるであろうか。

　もう一つの問題は比較しようとする者はどこに立つのであろうか。比較しようとする二人（本書の著者の場合は、ヴェイユとカミュ）に対する著者の立ち位置はどこであろうか。著者の立場・思想・評価をまず確保した上で、両者の上に立つ第三者（神あるいは審判者のような存在）として、両者を公平に見て評価しようとする立場であるか。あるいは、両者の間に立って両者の仲を取り持つ役を果たすか。それとも、どちらかに加担して一方を高く評価し、他方を批判的に捉えるか。著者の林さんは、カミュに出会い、彼から多くを学ぶとともに、カミュから誘われるようにしてヴェイユに行き着いたのである。カミュを評価しつつ、ヴェイユ研究に打ち込まれたのである。その意味においては、著者はカミュからヴェイユを紹介された。これはヴェイユを彼女の死後発見し、世に紹介したカミュという両者の歴史的関係を、追跡・再演しているのである。問題は、このような歴史的関係にあるカミュとヴェイユをそれぞれに正しく捉えているかどうか、である。その評価は読者の皆様に委ねたいと思う。

　前著の推薦文において、私は本書は学問的な研究書というよりも、

ヴェイユ愛に溢れた著書だと評価した。本書において、林さんは学問的研究のレベルに達しているといえよう。更に言えば、今後は国内外のヴェイユ研究者と学問的な対論・切磋琢磨を行って、ヴェイユ研究を推し進めていただきたいと思う。

　ご縁があって、私は著者の研究に同伴することになった。私の研究分野は広く言えば、西洋古代・中世思想である。特に古代イスラエル思想・ユダヤ教研究、古代・中世のキリスト教思想史、そして古典古代ギリシャ・ローマの哲学である。これらの分野においては、林さんの研究に多少の助言ができたかもしれないし、今後も林さんの研究に伴走できればと願っている。

　最後に、読者の批評も研究者を育てますので、よろしくお願いいたしまして、私の推薦文とさせていただきます。

　　　　　　　　　　　　　　森　泰男（西南学院大学名誉教授）

カミュとヴェイユ─信仰と愛をめぐって─ ＊目次

推薦の言葉　　　　　森　泰男 ……………………………………… 1

序　説 …………………………………………………………………… 7

第１部　アルベール・カミュ ………………………………… 9

第１章　人間のいない自然　－カミュの原点－ …………… 10
　［１］青春時代のカミュ　　10
　［２］初期エッセー　　11

第２章　不条理の論理と神の拒否 …………………………… 17
　１　『異邦人』　　17
　２　『シーシュポスの神話』における不条理の論理　　24

第３章　レジスタンスとヒューマニズム …………………… 32
　１　『ドイツ人の友への手紙』　　32
　２　モーリアックとの論争　　36
　３　『ペスト』　38

第４章　ニヒリズムとの闘い ………………………………… 50
　１　『正義の人々』　　50
　２　『反抗的人間』　69
　３　革命と反抗をめぐる論争　　91

第5章　罪と裁き …………………………………………… 100
　　1　『転　落』　100
　　2　『ギロチン』　112

第6章　芸術家の使命 ……………………………………… 117

第2部　シモーヌ・ヴェイユ ……………………………… 119

第1章　「小さきもの」への献身 －シモーヌ・ヴェイユの生き方－ …… 120
　　［1］青春時代のヴェイユ　120
　　［2］工場での労働体験　127
　　［3］スペイン市民戦争への参加　132
　　［4］マルセイユでの出会い　136

第2章　社会集団と偶像崇拝 ……………………………… 143
　　［1］国　家　143
　　［2］政　党　154

第3章　キリスト教と偶像崇拝 …………………………… 158
　　［1］社会的集団としてのカトリック教会への問いかけ　158
　　［2］「神」と偶像　161
　　［3］歴史観への問い　169
　　［4］奇蹟・贖罪・復活への問い　172

第4章　真の神 ……………………………………………… 185
　　［1］実在としての神　185
　　［2］「神の子」キリスト　190

【『救われたヴェネツィア』を解読する】　191

第5章　霊的結婚と遡創造 …………………………………… 203
　［１］霊的な死　203
　［２］神の導きと隣人愛　205
　［３］世界の秩序への愛と必然性の受容　208
　［４］美と芸術　214
　［５］宗教的な勤めへの愛と功徳　218
　［６］調和によって成り立つ平等としての友愛　220
　［７］遡創造の完成　221

第6章　真実の信仰と救い ……………………………………… 232

第7章　ヴェイユ最期の日々 …………………………………… 236

結語　カミュとヴェイユにおける信仰と愛 ………………… 238

あとがき　250
参考文献　252

序　説

　アルベール・カミュ（1913-1960）は、不条理の意識を表現した『異邦人』や『シーシュポスの神話』、人間愛と連帯の精神を語った『ペスト』、さらには、革命と反抗の問題をめぐってサルトルらとの激しい論争を引き起こした『反抗的人間』などの作品で知られるフランスの作家である。
　カミュは創作活動の傍ら、1946年からフランスを代表する出版社の一つであるガリマール社の「希望叢書（Collection Espoir）」の企画を担当した。彼はその一環として、当時は無名であったシモーヌ・ヴェイユ（1909-1943）の著書を次々に刊行した。
　シモーヌ・ヴェイユは、リセ（高等中学校）の哲学教師を務めながら、工場労働やスペイン市民戦争への参加など社会的弱者のための活発な社会活動を行い、晩年にはキリストに傾倒し、宗教色の強い多くのエッセーや論文などを著わしたフランスの思想家である。
　カミュとヴェイユは、政治思想の面ではともに左翼的な立場を取りながらも、マルクス主義の矛盾を大胆に指摘し、社会主義国ソ連の全体主義的体制を厳しく批判した。確かにその点においては両者の間には大きな同質性があると言えるが、宗教的な面においては一見大きな隔たりがあるように思われる。カミュは不条理の哲学を展開し、神信仰を否定し続けた。一方晩年のヴェイユは、全身全霊をあげてキリストの教えに心を開き、神の愛に生きようとした。しかしそれぞれの著書をよく読めば、宗教的な面においても両者の思想が根本的に食い違ったものであるとは言えなくなる。
　ヴェイユはキリストに心酔したが、カミュと同じく、人格神がこの世の出来事に直接介入しているという考え方は否定している。カ

ミュは「神を信じていません」と彼自身明言し、その立場を諸作品で表現しているが、実はヴェイユも「神を信じる必要がない」と述べている（ヴェイユは、真の神は信仰の対象にならないと考えた）。また、カミュは「キリスト教」の教義を厳しく批判しても人間「キリスト」には好意的な姿勢をたびたび示している。

　カミュは、ヴェイユの諸作品の中に、政治社会面だけではなく、宗教面においても共鳴できる理念を見出したのではないか、そこにカミュがヴェイユの作品を世に出すために尽力した理由の一つがあるのではないか、カミュの後期の作品にはヴェイユの影響があらわれているのではないか、そして彼らが抱いた思想は、過激な原理主義・国家主義・ポピュリズムが蔓延し、混迷を深める現代に生きるわれわれが今後進むべき道を探る際に大変有益な示唆を与えてくれるのではないか、私はこのような思いを抱き、信仰と愛についての概念を中心に二人の思想を考察することにした。

　ヴェイユの方がカミュよりも生没年が早いが、カミュが指摘した信仰と愛の問題点を踏まえてヴェイユの思想についての考察を行うことで、両者の思想のより深い理解が可能になると考え、カミュの思想について先に論じさせていただくことにする。

　本書では、拙著『シモーヌ・ヴェイユと神の愛』とは異なる視点を織り交ぜてヴェイユの思想についての考察を進めているが、同じ表現も随所に使っている。そのことをあらかじめ了解していただきたい。

　なお、キリスト教における救い主イエス（イエズス）・キリストについては、カミュもヴェイユも「救い主」を意味する普通名詞の「キリスト」（Le Christ）と表記している（カミュの場合は一部に「イエス」（Jésus）という表記も見られる）ので、本書でも原則として「キリスト」と表記させていただく。

第1部　アルベール・カミュ

第1章　人間のいない自然 ―カミュの原点―

［1］青春時代のカミュ

　アルベール・カミュは、1913年11月7日、当時フランスの植民地であった北アフリカのアルジェリアのモンドヴィ近郊で生まれた。父親のリュシアン・オーギュスト・カミュは農業労働者であったが、彼が生まれた次の年に第一次世界大戦で戦死している。その後、難聴を患っていた母親のカトリーヌはカミュとその兄とともにアルジェ市内にある祖母の家に身を寄せることになった。しかしその家は貧しかった。カミュは小学校を卒業すればすぐに働くべきであると彼の祖母は考えていた。しかしルイ・ジェルマンという小学校教師が彼の才能を見抜いた。そして彼に奨学金を受給しながらリセ（高等中学校）に進学することを勧めた。これには祖母は反対であったと言われるが、母親が同意し、彼は進学することになった。
　リセでカミュは学業に打ち込む一方、サッカーにも情熱を傾けた。そして当時教員をしていた作家のジャン・グルニエと出会い、卒業後も親交を保つことになる。また彼は貧しさ故にさまざまなアルバイトも経験したと言われている。その無理がたたったのか、在学中に彼は喀血し、当時は不治の病とも言われていた結核の診断を下されてしまう。療養生活の結果、幸いにも彼の病気はいったん快方に向かうことになったが、その後も再発を繰り返し、彼は終生この病に苦しめられることになる。
　1932年バカロレア（大学入学資格試験）に合格したカミュは、アルジェ大学文学部に入学し、哲学を専攻することになった。彼は

学生の身分のまま、1934年には、眼科医の娘シモーヌ・イエと結婚した。しかし二人は当初よりすれ違いが多く、1年後に離婚している。

　1935年には、カミュは共産党に入党している。彼は党の思想にはそれほど信をおいていなかった、と言われているが、党の文化活動の一環として、演劇活動に関わることになった。1936年には、マルローの小説『侮蔑の時代』の翻案・脚色を行い、戯曲『アストゥリアスの反乱』の共同制作を行っている。また、この年には、卒業論文に該当する過程終了認定論文『キリスト教形而上学とネオプラトニズム』を提出している。この論文では、キリスト教はギリシャ思想の影響を受けることによってその教義を発展させたこと、そしてグノーシス主義やネオプラトニズムを経て、アウグスティヌスにおいて両者は合体し、キリスト教が一つの哲学として成立したことを論じている。[1]

　大学卒業後、カミュは高等教育機関の教員資格試験に必要な健康診断優良証明書の交付を申請していたが、結核が完治していなかったので、この申請は却下されてしまった。

［2］初期エッセー

　1937年には、カミュの処女作であるエッセー集『裏と表』が刊行された。この作品集は、『皮肉』、『ウイ（肯定）とノン（否定）の間』、『魂の中の死』、『生きることへの愛』、『裏と表』の5作品から構成されているが、それらの中に、彼の家族をモデルにしていると思われる人物が複数登場している。そして、万人に等しく富を与える太陽について語っている作品がある。

　『皮肉』には、半身麻痺の老婆が登場する。「一日中たった一人で

過ごす、読み書きができず、ほとんど無感覚になった彼女の生活は神に向けられていた。彼女は神を信じていた」[2]。家族から半ば見捨てられたこの老婆にとって唯一すがりうるものは神だったのだ。しかし人から離れたくない彼女にとって実は「神は何の役にも立たなかった。彼女を人々から引き離し、一人きりにしただけであった」[3]。

　カミュは少年時代にカトリックの洗礼を受け、教理問答に出席していた時期もあったという。しかし彼はやがて神信仰から離れることになる。『皮肉』では、神信仰は、将来への希望をなくし、孤独で苦しむ者がすがる最後の慰めにすぎず、実際には役に立たないものとして描かれているが、この見方は、青年期以降のカミュ自身の思想を反映したものと考えられる。なお、この作品が刊行された1937年にはカミュは共産党を除名されている。アラブの活動家たちが共産党の指導下から離反したことや、アラブ人たちが非合法活動によって投獄されることに共産党が同意したことに対する怒りなどから、彼は共産党の方針に背くようになってしまった結果、除名されたと言われている。

　1939年にはエッセー『結婚』が刊行されている。この作品は、『チパザの婚礼』、『ジェラミの風』、『アルジェの夏』、『砂漠』の4編から構成されている。

　その全編にわたって表現されているものは、地中海の自然の美しさ、そしてその自然とのふれあうことの喜びである。『チパザの婚礼』には次のような記述がある。

　　ぼくは裸にならなくてはならない。そして大地の精気の香りをまたいっぱい身につけたまま海に潜り、海中でその精気を洗い落とし、大地と海が長い間唇と唇を重ねて恋い焦がれているあの堅い抱擁を、ぼくの肌の上で結ばなければいけない。水に

入る。ぞくっとする冷たい不透明な黐（une glu）が盛り上がる。ついで潜ると耳が鳴る。鼻から海水が流れて、口が苦くなっている。——泳ぐ。海面から突き出た濡れた両腕は太陽に金色に輝く。そして、あらゆる筋肉を使って水をたたく。身体の上を水が流れる。激しい水音を立てながら両足で波をつかむ。——すると、水平線が没する。岸に上がり砂の上に倒れる。世界に身をゆだね、自分の肉と骨の重みに立ち返り、太陽に茫然となり、ときおり自分の両腕と視線をなげる。そこでは、水が滑り落ちて乾いた肌がまだらになり、ブロンドの和毛と塩の粉が露わにされる。

〈中略〉

　もっともぼくは、よく人がこのように言うのを聞いた。誇りにすることができるものはない、と。いや誇りにできるものはある。この太陽、この海、青春に躍動するぼくの心、塩辛い僕の身体、そして、優しさと栄光が黄色と青色の世界で出会うあの果てしない背景がそれだ。

　カミュは太陽の光を浴びて地中海の自然とふれあうことに大きな幸福感を覚えた。彼を育んだ地中海の自然が、彼にとって、無償で差別なく与えられる貧者の富としてかけがえのない価値を有していたのである。しかし彼は「不治の病」を患っていた。『ジェラミの風』や『アルジェの夏』では、死に関する記述が見られるが、彼は死後の生や永世といった観念を否定している。

　　死がもう一つの生を開くと信じることを僕は好まない。死はぼくにとっては、閉じられた扉だ。

第1章　人間のいない自然　―カミュの原点―

　もし生に対する罪（un péché）があるなら、それは生に絶望することではなくて、別の生を希求したりそうした別の生の峻厳な偉大さに身を隠したりすることだ(6)。

　カミュは、人間が生きられる場所は、この世界、この大地の上にしかあり得ないと考えた。この美しい大地で生きられることは大きな幸福である。しかしその生は絶えず死によって脅かされている。そこで彼はその死への恐怖や健康な者への羨望などを語る。

　ぼくは死ぬことへの恐怖が生きることへの羨望につながっていることを理解する。僕はこれからもなお生きられる人々に嫉妬し、花や、女たちへの欲望が、肉と血のそれぞれがあらゆる意味を持ちうる人々に嫉妬しているのだ。ぼくは羨ましいのだ。なぜなら、ぼくは、あまりに人生を愛しているからエゴイストにならずにはいられないのだ(7)。

　『砂漠』では、この美しい世界に生きることを通して彼が学んだことの意味を明らかにしている。

　世界は美しい。そしてこの世界の外に救済は全くない。世界が根気強くぼくに教えてくれた偉大な真実とは、精神は何ものでもなく、心もまたそうだということである。そして太陽に熱せられた石、或いは、晴れ間を見せた空のおかげでその背丈を伸ばしたように見える糸杉こそ、〈道理がある〉ということが一つの意味をもつ唯一の世界を限定すると教えてくれる。その意味とは、人間たちのいない自然ということだ。そして、この世界はぼくを無化する。それは、僕を最果てまで運んでいく(8)。

「人間たちのいない自然」（la nature sans hommes）、そこには意図や目的がなく、主義や主張がない。善悪や正邪などの価値による区別もない「万物斉同」の世界である。人間社会に見られるさまざまな（差別や区別を伴った）諸原理はそこでは通用しない。カミュは、後に人間社会に存在する一切の原理を相対的なものと見なし、その神格化・絶対化を認めず、特定の原理の名における殺人を決して正当化しない、という思想を形成することになるが、この「人間たちのいない自然」にこそ意味を見出す姿勢がその基盤となったと言えよう。この姿勢は、人間社会から目を背けることではなく、むしろ人命尊重を徹底するヒューマニズムの原点となっていると考えることができる。

【註】
(1) グノーシス主義とは、1世紀から4世紀にかけて主に地中海沿岸地方に広がった宗教思想。この世界を低質なものと見なし、それを創造した神もまた下級の神と考える。しかしこの世界とは別に上位世界（真の世界）があり、そこには至高神が存在するとする。上位世界の出身でありながら、現在は低質なこの世界に閉じ込められている人間の霊魂は、自己の本質に目覚め、それを認識すればこの世界から解放され、上位世界に戻ることができるという。それが人間にとっての救済である。なお、グノーシス主義においては、イエス・キリストは、人間たちに自己の本質を認識させるために上位世界から派遣された「啓示仲介者」であるとされる。

　　ネオプラトニズムとは、3世紀から6世紀にかけて勢力を得た哲学の学派。プロティノス（204〜270）によって確立された。プラトンの哲学を中心にピタゴラス、アリストテレス、ストア哲学などの要素を含めて成立した。世界は超越的な一者である神から流出し、また神に帰るという思想を持つ。

(2) Albert Camus, ŒUVRES COMPLÈTES Ⅰ, Gallimard, 2006. *L'Envers et L'Endroit*, p.39.

第 1 章　人間のいない自然　―カミュの原点―

（3）*ibid.*, p.41.
　　＊ibid は、ラテン語の ibidem の省略で、直前の文献と同一であることを意味する。
（4）*ibid.*, pp.107-108.
（5）*ibid.*, p.113.
（6）*ibid.*, p.125.
（7）*ibid.*, p.114.
（8）*ibid.*, pp.135-136.

第2章　不条理の論理と神の拒否

1 『異邦人』

　『異邦人』は、1942 年、当時ドイツ軍によって占領されていたパリで発表され、大変大きな反響をまきおこした作品である。
　この作品の主人公であるムルソーはアルジェに住む会社員である。彼はある日、養老院で暮らしていた母親の死の通知を受ける。彼は 2 日間の休暇を取り、母親が暮らしていた養老院に行く。そこで彼は院長に招かれて母親の棺が安置されている部屋に入った。そこにいた門衛は、ムルソーが亡き母親と対面するために「釘を抜きましょう」というが、ムルソーはそれをやめさせる。その後彼は勧められるままにミルクコーヒーを飲み、たばこを吸った。
　翌日彼はアルジェに帰り、海岸で女友達のマリーと出会う。一緒に泳いだ後、彼は彼女を映画に誘う。そしてその夜は彼女とともに過ごす。次の週彼は仕事に復帰する。週末はやはりマリーと海岸でひとときを過ごした後、彼の部屋に戻るのだが、そのとき隣人のレイモンの部屋から女の声が聞こえてくる。レイモンが情婦を殴っていたのだ。後日レイモンは彼に、浜辺の別荘に招待する話と、レイモンがアラブ人のグループにつけ回されている話を電話でする。その後ムルソーは、上司からパリに転勤する話をもちかけられるが断る。それについて上司は、彼には「野心が欠けている」という。また、その日の夕方訪ねてきたマリーに結婚したいかと尋ねられる。彼は「それはどちらでもよいことだがマリーの方で望むなら結婚してもよい」と答える。マリーは彼に自分を愛しているのか、と尋ね

第2章 不条理の論理と神の拒否

るが、彼は「それには何の意味もないが、おそらく愛していない」と答える。マリーが「愛していないのならなぜ結婚するのか」と尋ねると、彼は「そんなことには重要性はないが、君が望むのなら一緒になってもかまわない」とあいまいな返事をする。マリーは「結婚というものは重大な問題である」と言うが、彼は「それは違う」と述べて結婚の重要性を否定する。

レイモンに招待された日曜日、レイモンやマリーと海岸に遊びに行ったムルソーは、友人らとともにアラブ人のグループと乱闘になる。その時焼けつくような太陽の光が降り注いでいた。アラブ人は匕首を抜き、光を浴びつつ彼に向かって構えた。そして彼の全身がこわばり、彼はピストルの引き金を引いた。彼はアラブ人を殺してしまったのである。

ムルソーは逮捕されると何回も尋問を受けた。予審判事は彼が母親の埋葬の日に「感動を示さなかった」ことを知った。そしてこれに対して彼がうまい答弁ができなければ「起訴の重大な論拠になるでしょう」と述べる。ムルソーが確信をもって言いうることは母親が死なない方がよかった、ということだけであったので、弁護士は満足せず、「それは十分ではない」という。

尋問の途中で判事は十字架を取り出して、自分は神を信じている、と述べる。そして「神様がお許しにならないほど罪深い人間は一人もいないが、そのためには人間は改悛によって、子どものように魂を虚ろにして、一切を迎え得るように準備しなければならない」という信念を述べる。しかしムルソーはその理屈には全然ついていけない。判事は次に彼に神を信じているかと尋ねると、彼は信じていないと答える。すると判事は、「私の人生を無意味のなものにしたいのですか」と大声をあげる。しかしそれはムルソーと何の関係もないことであったのでそのことを彼は判事に告げる。すると判事は

十字架を彼の眼の前につき出し、「私はキリスト教徒だ。私は神に君の罪の赦しを求めるのだ。どうして君はキリストが君のために苦しんだことを信じずにいられるのか」[1]と語る。こうした判事の言動はただムルソーをうんざりさせるだけだった。暑さもひどくなり、逃げ出したいムルソーは判事に承服するふりをした。この判事にとって、人生の意味は、神への信仰を離れてはあり得ないものであったのだ。

　夏になると公判が始まった。検事により、彼が母親の葬式の翌日、マリーとだらしない関係を結び、映画を見に行ったという事実が強調され、彼の道徳心の欠如が指摘される。裁判では殺人の動機などが尋ねられるが、彼は「それは太陽のせいだ」と言い、笑いものになる。ムルソーを広場における斬首刑に処する、という判決が下る。そのような彼のもとを御用司祭が何度も訪れるが、そのたびに彼はその訪問を拒否する。彼は司祭には「何も言うべきことはない」と答える。その時彼の興味を引くものは、「メカニックなものから逃れること、不可避とされているものに出口があり得るかを知ること」なのだ。

　彼は母親から聞いた父親の話を思い出した。彼の父親はある殺人者の死刑が公開で執行されることを知った。それを見に行くことを考えただけで、父親は病気になったのだが、それでもあえて見に行って帰りに吐いたという。彼は、死刑執行が人間にとって最も重要で、真に興味ある唯一のことだと考えた。そして人生が生きるに値しないことを確認しながらも、これから先20年の生活を考えた時おそろしい心躍りを覚え、それに苦しめられる。

　やがてムルソーの上訴が却下される。その時彼は久しぶりに恋人マリーのことを偲んだ。彼女はもう何日も手紙をくれなくなっていたのだ。彼はそのことを考えた末、「マリーも死刑囚の恋人である

第 2 章　不条理の論理と神の拒否

ことに疲れたのかもしれない」と独り言を言った。以後彼はもうマリーの思い出にはかまわなくなった。まさにその時司祭が入ってきた。司祭が彼に「なぜ私の訪問を拒否するのですか」と尋ねると彼は「神を信じていない」と答える。それでも司祭は、ムルソーに対して「友よ」と呼んで話しかけてくる。司祭がそのようにムルソーに語りかけるのは彼が死刑囚だからではないという。司祭は「我々はすべて死刑囚だ」と語り、ムルソーに、この死という「恐ろしい試練にどのようにして近づいていけましょうか」と尋ねるが、ムルソーは「現に今私が近づいているのと全く同じように近づいていけるだろう」と答える。すると司祭は彼に「それではあなたは何の希望ももたず、完全に死んでゆくと考えつつ生きているのですか」と尋ねる。ムルソーは「そうです」と答える[(2)]。すると司祭はうなだれて、「あなたを気の毒に思う」という。ムルソーのように死をすべての終わりとして考えることは耐え難いと彼には思われたのだ。その後司祭は人間の裁きではなく「神の裁きが一切だ」と述べる。これに対してムルソーは「私に死刑を与えたのは人間の裁きだ」と答え、また彼は「罪というものは何だか私には分からない」[(3)]と語る。

　司祭はなおも神について語りたがっていたが、ムルソーは神のことで時間を失いたくなかった。司祭が「私はあなたのために祈りましょう」とムルソーの肩に手を置いて言った時には、「彼の内心で何かが裂けた」。彼は怒鳴りだし、司祭を激しくののしった。彼は、司祭のどの信念も女の髪の毛一本の値打ちさえないこと、「自分について、すべてについて、私の人生について、まもなくやって来るあの死について」、彼の方が司祭よりしっかりと真理をつかんでいるという。そして、「私はかつて正しかったし、今なお正しい」[(4)]と考える。

　司祭がいなくなった後、ムルソーは平静を取り戻す。彼ははじめ

て「世界の優しい無関心」(la tendre indifférence du monde) に心を開いた。彼に残された望みは処刑の日に大勢の見物人が憎悪の叫びの中で迎えてくれることだけであった。

　このムルソーは、周囲の人間とは異質の存在＝「異邦人」として描かれている。では、彼のどこに異質性があるのだろうか。
　ムルソーは特に非情で非常識な人間とまでは言えない。彼が母親を養老院に送ったのは、母親を十分看護するだけのお金がなかったからだ。ただ、彼は母親の死をそれほどの重要事とは考えなかった。養老院で門衛が、亡くなった母親を「ご覧にならないのですか」と尋ねた時、彼は特に母親を見たいとも思わず、「ええ」と答えるが、その時は「こう言うべきではなかった」と後悔している。また彼はたばこを吸いたいと思った時には母親の前でそんなことをして良いかどうかわからなくなり、一度は躊躇している。しかし彼はあえて世間の常識に自分を合わせようとはしない。結局は自分の感情に従うのだ。
　マリーとの関係においても彼は自然体で臨んでいる。彼は母親の埋葬のすぐ翌日、以前同じ職場に勤めていた女友達のマリーと出会う。彼は彼女と海で泳ぎ、映画を見に行き、そして夜を共に過ごす。彼は、親族が亡くなった後はしばらくの間、喪に服すべきである、という世間の常識から外れた行動を取る。彼はマリーを憎からず思い、マリーもまたそうである。彼は彼女と過ごすことに喜びを見出す。しかし彼は、マリーから結婚の話を切り出されてもそれには意欲を示さない。彼は、マリーを含め、多くの人々が人生の重大事と考える結婚に重要性を認めないのだ。
　仕事の面では、ムルソーにとりたてて大きな問題があるわけではないが、彼は多くの人々にとって大きな福音であるはずのパリ栄転

第2章　不条理の論理と神の拒否

の話には関心を示さず、これを断っている。

　一般の人々にとって大きな出来事である、母親の死、結婚、栄転などにムルソーはそれほどの重要性を認めない。そして彼はそのように考える自己の自然な感情に素直に従って生きている。彼は一般人の考え方や感覚に基づいてつくられた社会的な常識やルールにあえて反抗することはないが、それらには縛られずに自由に生きているのだ。

　カミュは『結婚』の中で、「幸福な人生は悲劇的であるが、ごまかさぬことに通じているから、一つのより偉大な生への道でもあるだろう」と語ったが、この『異邦人』の主人公ムルソーは、まさにごまかさぬ男なのである。母親の葬式のときも、恋人との語らいの時も、裁判の時も彼は自分の感情をごまかさない。しかしそのために、彼と周囲の人々との間に深い断絶が生じてしまい、結局裁判では、彼は人間らしい情愛を持たぬ者としてより厳しい判決を受けることになる。

　神への信仰を否定した上で成り立っているムルソーの死生観にも注目したい。彼が起こした事件の担当となった判事は、神を信じ、そのことを通して人生の意味を見出した。また死刑囚となった彼のもとにやってきた御用司祭は、死後の生命を信じ、それを信じられるからこそ、「希望を持って死という恐ろしい試練に近づいてゆける」という。しかしムルソーは神を信じず、人生の意味を見出すことができない。そして死後の生も信じていない。判事や司祭による神や永世の話は彼をうんざりさせる。そしてついに怒りの気持ちを爆発させる。

　ムルソーは最後に「世界の優しい無関心に心を開いた」。そして「これほど世界を自分に近いものと感じ、自分の兄弟のように感じると、私はかつて自分が幸福だったし、今もなお幸福である事がわ

かった」と語る。この世界の自然とは、『結婚』で「人間のいない自然」と表現されたように、何の意図も目的も持たない。それは誰に対しても何に対しても差別することはなく、すべてに無関心なのである。ムルソーは神への信仰を説かれてもそれには決して心を開かなかったが、この世界の無関心には心を開くのである。

　こうしたムルソーの態度には、作者であるカミュ自身の思想が色濃く反映されている。神を信じないということは彼が生涯保ち続けた姿勢であった。そして死後の生を否定する思想は、彼が『異邦人』以前に著した『結婚』にもすでに見られる。そこでは「死がもう一つの生を開くと信じることをぼくは好まない」という言葉がある。カミュは多くの作品の中でキリスト教思想の様々な側面を批判しているが、中でも死後の生を信じるという考え方に対する批判的な態度は『異邦人』以降も一貫し、徹底している。

　この世界に生きることに喜びと幸福を見出したカミュは、肉体の死後に別の世界で生き続けることができると考えることは、根拠のない慰めに過ぎないと考えるのだ。

【註】
（1）Albert Camus, ŒUVRES COMPLÈTES Ⅰ, *L'Étranger*. p.181.
（2）*ibid.*, p.210.
（3）*ibid.*, p.210.
（4）*ibid.*, pp.211-212.
（5）*ibid.*, p.213.

2 『シーシュポスの神話』における不条理の論理

カミュは『異邦人』では、永世への希望を持たぬまま、死刑に処せられてゆくムルソーを不条理に直面した人間の姿として描いている。この不条理の意識は、『シーシュポスの神話』において深められ、より具体的に表現されている。『異邦人』発表の半年後、1942年に発表されたこのエッセーは、「不条理の推論」、「不条理の人間」、「不条理の創造」、「シーシュポスの神話」で構成されている。

第1部の「不条理の推論」では、「本当に重大な哲学上の問題は一つしかない、それは自殺である」とされている。「人生が生きるに値するか否かを判断すること、これこそ哲学の根本問題に答えること」[1]なのだ。「もちろん生きることは容易なことではない。人は生存に必要なさまざまな行為を数多くの理由から続けてゆく」。その理由の第一は習慣である。「自分の意志で死ぬということは、この習慣の人を馬鹿にしたような性格、生きる深い理由の一切の欠如、日々の動揺の常軌を逸した性格、苦悩の無益さなどを、たとえ本能的にしろ人が認めたということを前提としている」[2]。

ではこのような（人を自殺に向かわせかねない）感情とは何か。カミュは次のように述べている。

　　たとえ間違った理屈によるものであろうと説明しうる世界は慣れ親しむことができる。しかし反対に幻と光とを突然奪われた宇宙の中にあっては人は自分を異邦人と感じる。失った祖国の思い出や約束されていた土地への希望を奪われている故に、この亡命者には救いがない。人とその生活、俳優との舞台とこの断絶、これがまさに不条理の感情である[3]。

第1部　アルベール・カミュ

　人はこの世界について明晰な理解を求める。しかし世界は説明不可能で人間の理解を超えたものである。その世界にあって人は不条理の感情を抱く。このエッセーの主題は「不条理と自殺との関係、自殺が不条理の解決となる正確な範囲」である。
　カミュは、様々な思想家たちが不条理の問題に対して取った態度について考察する。しかし彼はいずれの思想家も不条理から逃亡すること、すなわち飛躍（un saut）を勧めていると考える。たとえば実存主義哲学者ヤスパースにとって、「不条理は神（最も広い意味での）となり、理解が不可能であることがすべてを照らす存在となる」が、彼の推論は何ら論理によって導かれておらず、彼の思想は飛躍している。
　シェストフの場合には、不条理が真の姿、その人間的で相対的な性格を失ってしまい、不可解でありながら同時に「人に満足を与える永遠性の中に入ってしまおうとしていることがわかる」。そして「シェストフにとっては、理性は空しいが理性の彼方には何ものかがある」とされる。このような態度も飛躍である。「不条理の精神にとっては、理性は空しく、理性の彼方には何もない」[4]のである。
　キルケゴールは、「非合理なものに対して反抗の叫びをあげる代わりに、これに夢中になってしがみつく時に、彼はそれまで自分を照らしていた不条理を無視して、以後彼が持つ唯一の確実なもの即ち非合理的なものを神格化するようになる」[5]。「大切なことは自分の病を癒やそうとすることではなく、病とともに生きることである」が、キルケゴールは病を癒やそうとしているというのである。ここにも飛躍がある。
　フッサールは、人間理性の総合的能力を否定し去った後に「永遠の〈理性〉の中に飛躍」[6]している。

第2章　不条理の論理と神の拒否

　ここで取り上げられた思想家たちは不条理について考察しながら不条理にとどまることなく、神や永遠性、永世など人間理性では理解することができない観念を持ち出して飛躍してしまっていると考えられるのである。「あらゆる形態の飛躍は不条理を隠す」のだ。カミュが大切であると考えることは、飛躍をして不条理から目を背けることではなく、不条理の緊張に身をとどめることなのである。

　　　目もくらむようなこの突端上に身を支えること、ここに誠実さがある。他は言い逃れにすぎない。(7)

　この世の不条理を認めたカミュは、不条理の中にある人生には意味がないということを確認するのだが、それはかえって生きることの価値を強調することにつながる。

　　　以前は生きるには人生に意味がなければならないかどうかを知ることが問題であった。ところがここでは反対に、人生は意味がなければないほどそれだけいっそう良く生きられるように思われる。(8)

　人生を超える観念を作り出してそれによって人生に虚構の意味を与えようとする行為、すなわち飛躍（不条理から逃げ出すこと）は拒否しなければならない。この世界には本来意味も目的もない。大切なことはそのような不条理を生かすことである。その「不条理を生かすこと、それは何よりまず不条理を見つめること」である。「不条理は人がそこから目をそむけるときにのみ死ぬ」のだ。そこで首尾一貫した唯一の哲学的立場として「反抗」が取り上げられる。反抗とは「人間と人間自身の暗黒との不断の対決」であり、「不可

能な透明への要求」である。また「押しつぶそうとのしかかってくる運命をしっかりと受け止めること」でもある。ここで不条理の経験が自殺から大きく隔たっていることがわかる。

　自殺は飛躍と同じく、極限における受容である。自殺によってすべてが終わり、人はその本質的な歴史の中に帰るのだ。その将来、唯一の恐ろしい将来を人は認め、そしてそこに飛び込んでいく。それなりの方法で自殺は不条理を解消するのだ。自殺は不条理を同じ一つの死の中に引きずり込むのだ。(9)

また彼は不条理の経験について次のように述べている。

　不条理に出会った後では一切が揺り動かされる。「私は存在する」というこの観念、あたかもすべてに意味があるように（たとえ折にふれて何ものにも意味はないと私が言ったところで）振る舞い、このようなものすべては、死ぬかもしれないという不条理性によって眼もくらむばかりに否定される。明日を思うこと、ある目的を定めること、好みを持つこと、こういったことにはすべて、たとえ当人が自由を感じていないと思い込んでいたところで、やはり自由への信仰が前提になっている。しかし不条理に出会った時にはあの高い自由、真理を基礎づけうる唯一のものであるあの存在する自由、これはもう存在しないのだということを私はしっかりと知るのである。ここでは死がいわば唯一の現実となる。死の後ではわれわれの賭は終わっている。(10)

人はいつか死ぬ。これは誰もが知っている事実である。しかし

第 2 章　不条理の論理と神の拒否

　多くの人々は、普段はそのことを直視し、考えることを避けている。そして人生の目的をもち、将来を楽しみに生きている。だが死を直視せざるを得ない時が来る。その時人は不条理に出会っている（死に直面することは最も典型的な不条理との出会いである）。そこで以前に考えていた自由というものが実は錯覚であったことに気づく。しかし死によって限定された時間を生きる者としての真の自由があることを理解する。そのことについてカミュは次のように述べている。

　　不条理という底のない確実性の中に身を沈めること、これからは愛人の近視眼を持たずに自分の人生を豊かにして生き抜いてゆくに十分なほど自分自身の人生と疎遠になっている自分を感じること、ここに解放の原理がある。この新しい独立は、すべての行為の自由と同様に、期限付きである。それは永遠性の小切手を切ることをしない。この新しい独立は、自由という錯覚に取って代わられるのであって、この錯覚はすべて死に際してそのはたらきを止めてしまう。ある夜明け頃、刑場へと開かれる獄舎の門を前にした死刑囚のすばらしい可能性、生命の純粋な炎以外一切に対するあの驚くべき無関心、ここでは死と不条理とが理性的な唯一の自由の原理、人間の心が体験し、そして生きることのできる唯一の自由の原理であることがしっかりと感じられる。[11]

　第 2 部では「不条理の人間」について論じられている。まず、「私の場所、それは時間だ」というゲーテの言葉が不条理の言葉として紹介され、不条理の人間とは「永遠を否定はしないが、永遠のためには何一つしない者のこと」であるとされている。そしてドンファン、俳優、征服者、芸術家についてそれぞれの生き方が説明さ

れている。

　漁色家（ドンファン）は多くの女性を誘惑し、征服者はさまざまな地域を征服し、俳優は演技を行う。彼らは情熱的に与えられた時間を生き抜き、その中でより多くのことを得ようとする者である。すなわち「質を求める聖者とは反対に量の倫理学」を実行する者である。芸術家も同様である。特にカミュは創造者を最も不条理な人物であるという。

　第３部は「不条理の創造」である。そこでは創造について説明されている。それによると、「創造すること、それは二度生きること」であり、「創造は不条理の情熱がほとばしり出る場所、推論が立ち止まる場所を示す」(12)という。

　「キリーロフ」については、独立した章が設けられている。キリーロフとはドストエフスキーの小説『悪霊』の主人公である。彼は神の存在を信じず、神が存在しないならば自分が神であり、自分の意志がすべてだ、と考える。ニーチェと同様に、キリーロフにとっても「神を殺す」ことは「自分が神になる」ということなのである。そして我意の最も完全な点は自分で自分を殺すことだから、自殺する義務があると考える。カミュはこの論理を「不条理」であるとする。さらにドストエフスキーの小説は『日記』と同様に「不条理の問題を提起する」という。「すべてはよい。すべては許されている。何一つ憎むべきものはない。これらは不条理の判断である」(13)。ただカミュは、不条理の作品と不条理の問題を提起する作品との間には差異があるという。それは不条理の問題を提起する作品は答えを与えるが、不条理の作品は答えを与えない、という点であるという。

　「キリーロフ」の次には、「明日のない創造」が続いている。そこでは、「私が思考に要求したもの」、すなわち「反抗、自由及び多

第 2 章　不条理の論理と神の拒否

様性を不条理の創造に対しても要求」し、それらのものを持てば、「次に不条理の創造はその深い無用性をあらわすであろう」と述べている。

　最後の第 4 部でシーシュポスが登場する。シーシュポスは神々の秘密を漏らしたためにゼウスを怒らせ、地獄に落とされ、そこで山の上から転がった大きな岩を山の頂上まで持ち上げるという刑罰を科される。しかしその岩は持ち上げると同時に転がり落ち、その繰り返しが永遠に続く。彼はこの絶望的で無益な行為を続けるだけの人生を送るのである。カミュは、このシーシュポスの姿に不条理を見た。そして彼はこのシーシュポスこそ「不条理の英雄」であるという。

　シーシュポスのような無益な労働を繰り返す不条理の中にある人生はむしろ幸福であるとカミュは考える。彼によるとシーシュポスの沈黙の喜びの一切は、「すべてよし」という言葉によって「不満足の感情と無益な苦痛への嗜好と共に、この世界に入り込んでいた神を追い出」し、「運命を、人間の間で支配されるべき人間の問題に変えてしまうことにある」。「頂上に向かう闘争そのものが人間の心を十分満たすのだ。幸福なシーシュポスを思い描かなければならない」。

【註】
(1) Albert Camus, ŒUVRES COMPLÈTES Ⅰ, *Le Mythe de Sisyphe*. p.221.
(2) *ibid.*, p.223.
(3) *ibid.*, p.223.
(4) *ibid.*, p.243.
(5) *ibid.*, p.245.
(6) *ibid.*, p.251.
(7) *ibid.*, p.253.

(8) *ibid*., p.255.
(9) *ibid*., p.256.
(10) *ibid*., p.258.
(11) *ibid*., p.260.
(12) *ibid*., p.285.
(13) *ibid*., p.294.
(14) *ibid*., p.299.
(15) *ibid*., p.304.
(16) カミュは「今日の労働者はその生涯の日々を同じ仕事に従事し、その運命はシーシュポスに劣らず不条理である」というが、「今日の労働者が悲劇的であるのは意識に目覚めたまれな瞬間においてのみである」とも述べている。「この神話が悲劇的であるのは、この神話の主人公の意識が目覚めているから」である（*Le Mythe de Sisyphe*, p.302.）。

第3章　レジスタンスとヒューマニズム

1　『ドイツ人の友への手紙』

　1939年ポーランドに侵攻したドイツにイギリスとフランスが宣戦し、第二次世界大戦が勃発した。ドイツ軍はポーランド西部を占領し、1940年4月にはデンマークとノルウェーにも侵攻した。5月にはベルギー・オランダを経て北フランスに侵攻した。そして、6月13日にはパリに無防備都市（すべての戦闘員が撤退し、兵器が撤去され、敵対する紛争当事国による占領のために解放されている都市）宣言が出された。パリが陥落したのだ。

　カミュはドイツ占領下のフランスで、『異邦人』や『シーシュポスの神話』等の作品を発表し、作家としての地位を固めていたが、彼は創作活動だけを行っていたわけではない。フランスでは、ヴィシー政府が対独協力を進める一方、抵抗運動（レジスタンス）も始まった。レジスタンスは、ド・ゴール率いる自由フランス（イギリスに形成された亡命政府）と協力体制に入り、1943年には全国抵抗評議会が成立した。カミュがレジスタンスにどの程度関わったのかは明らかではないが、1943年にはレジスタンスの機関誌で非合法の新聞『コンバ』のメンバーになっている。こうした新聞への執筆等を通して彼はレジスタンスの活動を行っていたと思われる。

　この頃からカミュの作品には社会的な問題やそれに立ち向かおうとする人々の連帯等がテーマとして取り上げられることが多くなる。この時期の作品としてまず注目されるのは、1943年から1944年に書かれたとされる（出版は1945年）『ドイツ人の友への手紙』であ

る。この作品の冒頭には次のような言葉がある。

　　君たちは私に言った。「わが国の偉大さはたいへん高価なものです。この偉大さを完成するものはすべて良い。もはや何一つ意味を持たない世界において、われわれドイツの若者たちのように、祖国の運命に一つの意味を見出せる幸運を持つ者は、すべてを祖国のために犠牲にすべきです」と。私は当時君たちを愛していた。だがすでにその点において私は君たちと別れたのだ。私は君たちに言った。「いや、追求している目的にすべてを屈従させなければいけないと信じることはできません。赦されない手段があります。それで私は、正義を愛しつつ同時にわが国を愛することができるように望んだのです。私は祖国のためならどんな種類の偉大さでも差し支えない、たとえそれが血や虚偽の偉大さであってもかまわない、とは思わないのです。正義を生かしつつ、祖国を生かしたい、と望んでいるのです」。すると君たちは私に言った。「では、君たちは祖国を愛していないのですね」と。(1)(2)

　この作品の「ドイツ人の友人」も「私」もこの世界に意味がないことを信じている。また、人間に死が与えられたということを「永遠の不正」（l'injustice éternelle）として認めている。しかしこの二人の考え方は大きく異なってくるのだ。
　「ドイツ人の友人」は、「何一つ意味を持たない世界」において祖国の運命に一つの意味を見出し、祖国を盲目的に愛した。そして祖国をそのためにすべてを犠牲にすることができる絶対的な価値を有するものと見なすに至った。すなわち「飛躍」を行った。その結果、目的のためには手段を選ばないという態度を取り、多くの暴力的な

行為を許容することになった。彼は軽々しく絶望して、永遠の不正と闘わず、むしろその不正に荷担してしまった。

　それに対して「私」は決して絶望せず、「大地（la terre）に忠実であるため」に正義を選んだ。そして祖国を決して絶対化せず、祖国を正義の中で愛したいと思ったのだ。「私」は世界に最高の意味（le sens supérieur）はない、という考え方は保持するものの、人間に一つの意味と真理を見出した。すなわち人間には、相対的ではあるがかけがえのない価値があることを理解したのだ（その点で、「意味がなければないほど一層よく生きられる」という『シーシュポスの神話』の思想とは異なる）。そして死という神が与えた永遠の不正に対する闘いを続けた。それは人間を救う闘いである。

　先の見通せない困難な状況の中でニヒリズムを克服し、相対的な存在である人間としての一定の限界を守りながら、ナチスドイツに対するレジスタンス運動を続けた当時のカミュの思想がこの作品を通して見えてくる。それは世界とそこに生きる人間の運命の不条理性を認識しつつ闘争を続ける姿勢を明らかにした『シーシュポスの神話』の思想を発展させたものであるとも言えよう。またこの作品では、人間に死が与えられたことを「永遠の不正」と表現するとともに、ドイツ人の友に対しては、「君たちは不正を選んだ。神々と一緒になった」と述べて非難するなど、ナチスの不正と神の不正が、ともに人間に死を与えるものとして糾弾されている点に注目すべきである。また神に頼ることの無用性を訴える言葉もある。

　　　天は君たちの凶暴な勝利に無関心だったが、正当な敗北にも無関心だろう。今もなお私は天に何一つ期待しない。しかし我々は少なくとも、君たちが閉じ込めようとしたあの孤独から人々を救い出すことに貢献したであろう[3]。

神は（この作品における「天」は「神」として理解することができる）人間に不正を行ったばかりではなく、この世に不条理な災厄が起こってもそれには無関心で、そこから人を救うための行動を起こそうとしない。悪との闘いは神に頼ることなく、人間自身の手で進めるより他にはないというカミュの思想がこの作品で表現されている。この作品も他の作品同様、神信仰を否定する立場が貫かれている。

【註】
（1）Albert Camus, ŒUVRES COMPLÈTES Ⅱ, Gallimard, 2011. *Lettres à un ami allemand,* p.9.
（2）カミュは、『ドイツ人の友への手紙』のイタリア語版への序文で、「君たち」（vous）と「われわれ」（nous）の意味について次のように述べている。
　「この手紙の筆者が、《きみたち》と言う時、それは《ドイツ人一般》を意味しているのではなく、《ナチスの人たち》を意味する。また《われわれ》と言う時、それは必ずしもわれわれ《フランス人すべて》を意味しているのではなく、《我々自由なヨーロッパ人》を意味する。私はこの二つの態度を対比させているのであって、二つの国を対比させているのではない。たとえ歴史のある時期に二つの国が二つの敵対し合う態度を具現することがあったにせよ、私はそのような立場には立たない」（*Lettres à un ami allemand,* p.7.）。
（3）*Lettres à un ami allemand,* p.29.

第3章　レジスタンスとヒューマニズム

2　モーリアックとの論争

　1944年8月24日パリは解放された。ドイツ軍の撤退と共に対独協力派は権力を失った。民衆の憎しみ、復讐心は、4年間レジスタンスの闘士やユダヤ人等に対する迫害に関わった対独協力派の人々に向かい、それらの人々を粛正すべきであるという世論が高まった。こうした状況を巡って、カミュとモーリアック[1]との間に論争が起こった。

　寛容の必要性を説いたモーリアックに対してカミュは粛正を支持する記事を『コンバ』に書く。1944年10月20日号では、「われわれの義務は弱さと過激の双方を同時に告発し、革命の力が正義の光と結びつく正しい道を示すこと」であり、この国の恐ろしい掟では「国の魂を救うために、この国の今なお生きている一部分を破壊することをわれわれに強いる[2]」と述べている。「今なお生きている一部分」とは明らかに対独協力派を意味している。死はカミュにとって神の永遠の不正の象徴であったはずである。ところがパリ解放直後の彼は対独協力派の粛正は正義であるととらえたのだ。

　しかしカミュの論調は変化する。1945年1月5日号では、（寛容を説いた）「モーリアックは正しかったということを人々は十分分かっている」と書いている。彼は1946年には『犠牲者も否、死刑執行人も否』を書く。そこでは「過去2年間の経験後、私はもはや直接にせよ間接にせよ、人間を死刑にすることを私に義務付けるような真理をまったく抱き得なくなった[3]」と述べている。また彼は、自身が語る「平和運動は、国内においては労働社会に、国際的には知識社会とつながる」とした上で、特に「後者の仕事はテロの混乱について明瞭な言葉で語ることであり、同時に平和な世界に必要不

可欠な価値を明らかにすることである」という。そして「その最初の目標は国際正義法を起草し、第一条は死刑の廃止、対話の文化に必要な基本諸原理を明示するものであろう」と述べている。1948年に発表された『無信仰者とキリスト教徒』(ドミニコ教団の修道院で行われた報告の抜粋)にも対独協力派の人々を死刑にすることを主張した自らの考え方の過ちを認める次のような言葉が見られる。

　今から3年前のある論争において、私はあなた方の中の一人、しかもかなり重要な一人と対立しました。当時の熱気や、暗殺された二、三の友人の辛い思い出が、私にそのような権利を与えていたのです。しかしながら、私はフランソワ・モーリアック氏が発した言葉づかいのいくらかの行き過ぎにも拘わらず、私は決して彼の言っていることについて熟考することをやめなかったということを証言することができます。私はこのようにして信者と不信者の間の対話の有用性についての私の意見をあなた方に述べているわけですが、この考察の果てにおいて私は根本的なことについて、そしてまさにわれわれの論争の核心部分においてフランソワ・モーリアック氏が私に対して正しかったということを自分自身の中で、そして今ここで公然と認めるに至ったのです(5)。

　カミュは対独協力派の人々を粛正すべきであるとした考え方を完全に撤回したのだ。そして殺人の合法化、すなわち死刑の否定、犠牲者にも死刑執行人にもならないように努めること、生命以上の価値をもつ原理の否認、そして不当に苦しめられ、死んでいく人々の数を少しでも減らすこと、これらはその後のカミュの人生と創作活動の一貫した原理となっていくのである。

第3章　レジスタンスとヒューマニズム

【註】
(1) モーリアック（François Mauriac 1885-1970）はフランスの作家。1952年ノーベル文学賞受賞。カトリック信者で、『癩者への接吻』（*Le baiser au lépreux*）『夜の終わり』（*La fin de la nuit*）などの作品で知られる。第二次世界大戦中は対独抵抗運動（レジスタンス）を行った。
(2) Albert Camus, ŒUVRES COMPLÈTES Ⅱ, Combat. p.553.
(3) Albert Camus, ŒUVRES COMPLÈTES Ⅱ, *Ni victimes ni bourreux.*, pp.438-439.
(4) *ibid.*, p.453.
(5) Albert Camus, ŒUVRES COMPLÈTES Ⅱ, *L'Incroyant et les chrétiens*, pp.470-471.

3　『ペスト』

　カミュの『手帳』（*Carnets* Ⅰ）〈1941年4月〉には、ペストに関するまとまった記述が見られる。そこでは、ペストはそれぞれ違った生き方をしている人々を「一つにしてしまう」こと、そして信仰を失う若い司祭、花や死者でいっぱいの貨物船、町の封鎖についての記述がある。カミュがペストへの関心を深め、それに関する作品を構想した時期はドイツがフランスを占領して間もない頃であったことがわかる。しかし実際に『ペスト』が発表されたのは、フランス解放後の1947年である。
　最初にこの物語の主題をなす事件は194＊年アルジェリアのオランで起こったことが示される。事件の発端は次のようなものであった。
　4月16日の朝、医師リューは、診察室から出かけようとして一匹の死んだ鼠に躓く。彼はこのことに異様なものを感じるが、単なるいたずらだと考える。死ぬ鼠の数はその後も増え続ける。しかしリューは結核のために転地療養に行く妻のことに気を取られて鼠の

ことはあまり気にとめない。ある日妻を見送りに駅に行ったリューはそこで予審判事オトンに出会う。その後続いて、アラブ人の生活状況について取材するためにオランに来ていた新聞記者ランベール、市の吏員グラン、この物語が始まる数週間前にオランに居を定めたタルー、自殺を図ったコタール、イエズス会の神父パヌルーなどが登場する。そのうちに死ぬ鼠の数はさらに増え、門番ミシェルの死をきっかけに、鼠蹊部が腫脹し、体に黒い斑点ができるという症状の病気による死亡者が増加した。そこで市民はようやく不安を感じ始める。やがてリューは、友人で医師のカステルの意見などによって、この病気がペストであるという確信を持つようになり、恐怖を感じる。彼はペストの感染を少しでも食い止めるために最善の策を取ることを招集された県庁の保健委員会に要請するが、委員会は若干の措置を取るにとどまる。こうした後手に回った対策を尻目に、ペストによる死者の数は一時的な減少の後急激な増加を示し、知事はついにオランをペスト地区であることを宣言し、市を閉鎖する。

　この時点でペストはすべての人々にとって共通の事件となり、「たとえば、愛する者との別離というようなきわめて個人的な感情が、すでに最初の数週から、突然一都市の市民全体の感情となり、そして恐怖心とともに、この長い隔絶の期間の主要な苦痛となったのであった」[1]。

　リューはその後もさらに増え続けるペスト患者を発見し、病院に隔離するという作業を続ける。そして市門の閉鎖から３週間たったある日、彼はランベールの待ち伏せにあう。パリに残してきた妻のことを思いやるランベールは自分がオランとは無縁の人間であることを強調し、リューにペストに感染していないという証明書を書いてくれるように依頼する。リューはランベールの気持ちは理解しながらも、彼の要求については医師として拒否する。

第3章　レジスタンスとヒューマニズム

　このような異常事態の中でパヌルー神父は、ペストという災禍は、神が本来の信仰を見失っている人々に下した罰であるとともに、人々を高め、進むべき道を示すための手段であると説教する。一方タルーは、ある日リューに、保健隊を組織してペストと共に闘うことを提案し、リューは快諾する。
　保健隊はその後少しずつ充実していく。ペストによる死亡者の集計をしていたグランがその幹事役を務め、オランを出る手段を探していたランベールも脱出の計画そのものは捨てないまでもこの隊に協力するようになった。
　やがて季節は進み、8月になる。ペストはさらに猛威をふるい、オランの町のすべてがこれにおおいつくされたような状態になる。そしてこのような状況の中では、すでに「個人の運命というものは存在せず、ただペストという集団的な史実と、すべての者がわかちあったさまざまな感情があるだけであった」[2]。
　9月と10月も町はペストに占領されたままであった。保健隊のメンバーも疲労がつのり、無関心・無感動になっていく。そのような時についにランベールに脱出の機会が訪れるが、彼は「自分一人だけが幸福になるということは、恥ずべきことかもしれない」[3]と言ってオランにとどまる決心をする。その間にカステルの新しい血清ができあがり、リューとタルーはそれをオトンの息子に試用した。しかしそれは死までの時間を若干引き延ばして、人より長く苦しませる効果を得たにすぎなかった。この少年が恐るべき悲鳴と共に死んだ後、リューは、説教の中でペストを神による懲罰であると述べたパヌルー神父に、その少年には罪がないことを強調し、神父の考え方を厳しく批判する。しばらくして神父はペストと似た症例の熱病にかかり、医師の治療を拒否したまま死ぬ。
　やがて季節は秋になり、11月になるとようやく死者の増加は止

まる。しかし町はますます混乱状態に陥っていく。そうしたある夜、リューとタルーはお互いに率直に語り合う時を持つ。タルーは、彼が検事の息子であること、18歳で家を飛び出し、政治活動をするようになったこと、死刑という制度に強く反対していることなどを語る。

　12月になるとグランがペストによるものと思われる高熱に襲われるが、カステルの血清の効果があったのか、彼は全快する。その他にも血清の効果が現れ始める。これ以降ペストは突然衰退を開始する。1月末に県庁は、2週間後に町が再開されるだろうという見通しを発表する。しかしその間にもオトンやタルーが死ぬ。そしてタルーの死の翌日、リューは、彼の妻の死の報せを受け取る。それから間もなくして町が再開され、町には幸福がよみがえる。最後にこの物語の話者はリューであったことがわかる。

　リューは、ペストは完全に死滅したわけではないことを知りつつ、「黙り込んでしまう人々の仲間入りをしないために、これらペストに襲われた人々に有利な証言を行うために、彼らに加えられた非道と暴虐とをせめて記憶にだけでも残しておくために、そして大災害のなかで教えられること、即ち人間の中には軽蔑すべきものよりも賛美すべきものの方が多くあるということだけを語るために」[4]これを書き綴ろうと決心したことを述べる。

　『ペスト』には、作者カミュ自身の思想を反映していると考えられる言葉を語る複数の人物が登場する。語り手であるリューは、妻との別離の苦しみの中で、ペストとの長く辛い闘いを続ける。このリューの置かれた立場は、カミュ自身が第二次世界大戦中に実際に経験した状況を基に設定されたと考えることができる。1940年6月にはドイツ軍がパリを占領する。1942年には、戦況の悪化によっ

第3章　レジスタンスとヒューマニズム

て、カミュはオランにいた妻（カミュは1940年に再婚している）との接触ができなくなるという経験をしている。そして妻との接触を絶たれた中でレジスタンスの活動に向かうことになる。

　リューなどの医師だけではなく、グランやタルーもペストとの闘いの最前線に立つ。グランは市の統計や戸籍の仕事を行い、空いた時間には小説を書いていたが、ペストが流行してからは死者の集計を担当するようになる。そして保健隊が組織されてからは、彼がその幹事役を務める。彼の存在は目立たないが、ペストに襲われた都市にあって人々を救うために献身した主役の一人である。

　タルーは保健隊の創設に関わった人物である。最後には彼自身がペストに感染して命を落とすことになるが、それまでの間、ペストとの闘いに全力を尽くす。

　一方パヌルー神父は当初、直接的な救護活動を行わず、ペストという災厄を神の摂理との関係でとらえる内容の説教を行いリューの厳しい批判を受ける。このパヌルー神父の説教に対するリューの批判について考えていきたい。

　神父は博学かつ戦闘的なイエズス会士で市民に尊敬されていた、という説明がある。オランの教会首脳部は、ペストが流行し始めた最初の月の終わりに集団祈祷の週間を催すことで彼ら独自の方法でペストと闘うことを決意した。その際説教者として指名されたのがパヌルー神父である。彼は、第一回の説教で、「今日、ペストがあなた方に関わりを持つようになったとすれば、それはすなわち反省すべき時が来たということです」[5]と述べ、神は、罪を犯していた人類を改心させるために懲罰としてペストという「災禍があなた方を訪れるに任せた」という考え方を示した。そして「皆さんを苦しめているこの災禍こそ、皆さんを高め、道を示してくれるのです」と語る。この神父の説教について予審判事のオトンは「まったく反論

の余地がないと思う」と述べる。また彼は、この説教は「ある人に、それまでは漠然としていた観念、すなわち自分たちはある身に覚えのない罪悪のために想像のつかない監禁状態を宣告されているのだという観念を一層はっきりさせた⁽⁶⁾」という。

しかしタルーから神父の説教についての感想を求められたリューは、「パヌルーは書斎の人間です。人の死ぬところを十分見たことがないから真理の名において語るのです。しかしどんなつまらない田舎の司祭でも、教区の人々を把握し、臨終の人間の息の音を聞いたことのある者なら私と同様に考えますよ。その悲惨の優れていることを証明しようとしたりする前に、まずその手当をするでしょう⁽⁷⁾」と述べる。さらに彼は、「もし私が全能の神というものを信じていたら、人々を治療することはやめて、そのようなことは神に任せてしまうだろう⁽⁸⁾」と語る。

やがてオトンの息子がペストに感染し、すぐに深刻な病状になる。そこでカステルが準備した血清が投与されるがそれはほとんど効果がなく、少年は悲鳴を上げて苦しむようになる。それを見ていたパヌルーは「神よ、この子を救いたまえ」と唱えるが、その少年は息を引き取る。その後リューはパヌルーに激しくたたきつけるようにいう。「まったく、少なくともあの子だけは罪のない者でした。あなたはそれをご存じのはずです」。それに対してパヌルーが「しかし、おそらく我々は、自分たちに理解できないことを愛さねばならないのです」と言った時には、リューはそれを否定し、「私は愛というものについて違った考え方を持っています。そうして、子どもたちがこれほど苦しめられるようにつくられたこんな世界を愛することなど死ぬまで拒否したい⁽⁹⁾」と言って反論する。

無垢な子どもたちまでもがペストによって苦しみうめきながら死んでいくという状況の中で、この世界の創造主である全能の（力の

第3章　レジスタンスとヒューマニズム

神）神が存在し、信賞必罰の論理でもってこの世界の出来事に介入しているというパヌルーの考え方はあまりにも残酷で矛盾が多いとリューには思われるのだ。

　しかしパヌルーは変わっていく。彼は保健隊に加わってから病院などペスト患者が見られる場所を離れることはなかった。彼は救護者たちの最前列に身を置いたのだ。彼は少年の死を目撃した後の第２回目の説教では、この世には神の眼に照らして解釈しうるものと解釈しえないものがあると述べ、ペストを神の罰と断定した第１回目の説教にはなかった見解を示すようになる。またマルセイユのペスト大流行の際、生き残った四人の修道士のうち一人だけが踏みとどまったことを指摘し、「私どもは踏みとどまる者とならなければなりません」と述べる。すなわち、パヌルーは単にペストという災厄を前にして人々に反省を促すだけではなく、ペストと闘うために積極的な行動を起こすことを説くようになったのだ。ただ彼はその他の点については「すべてを、子供の死さえも、神に任せ、個人の力に頼ろうとしないようにすべきである」[10]とも述べ、大きな災禍の中ではやはり人間の力よりも神の力を重視するべきだという見解も示す。こうした見解はリューやタルーにはとても受け容れられないものである。

　リューのキリスト教批判はこの作品の最後にも見られる。ペストとの闘いを振り返って彼は次のように述べる。

　　人が常に欲し、そして時には手に入れることができるものがあるとすればそれは人間の愛情であるということを彼らは今では知っている。これに対して、人間を超えて、自分にも想像さえつかないような何ものかに心を向けたすべての人々には答えはついに来なかった。[11]

大切なことは人間の愛情である。人知を超えた神とその摂理のはたらきなどに期待しても無意味だということをリューは明確に述べるのだ。このリューの言葉には、この世界の出来事に介入する力の神の存在を前提としたキリスト教に対する強い批判が明らかに見て取れる[12]。

次にタルーの思想について考えていきたい。

ペストと闘っていたある日、タルーはリューに自分の過去を語り始めた。彼は検事補の息子であった。彼が17歳の時、父親の求めに応じて、父親の論告を聞きに行った。事件は重罪裁判所で審理が行われる重大事件であった。そこで彼は父親が社会の名において罪人の死を要求していることを理解した。その時彼はその不幸な男（被告）に目のくらむような身近さを感じた。父親は慣例に従って死刑囚の最期の時に立ち会ったはずだが、彼はそれを「最も卑劣な殺人と名付けるべきものだ」という。そして彼はその時以来、ぞっとするような思いで、法律や死刑宣告や刑の執行に注意を払うようになった。この経験の約1年後、彼は家を出て、政治活動をすることになった。彼は「自分の生きている社会は、死刑宣告の上に成り立っていると信じ、それと闘うことによって殺人と闘うことができる」と信じていた。彼が属していたグループも必要な場合は、処刑を宣告していたことは彼も知っていたが、こういういくつかの死は、「もう誰も殺されることのない世界をもたらすために必要なのだと言われていた[13]」という。

しかしある日彼はハンガリーで一つの処刑を目撃した。銃殺班は処刑者の至近距離から射撃を集中し、握りこぶしが入るくらいの穴が開いた。その時以来彼はよく眠れたことがない。彼は「自分が何千という人間の死に間接的に同意していたということ、否応なしに

第3章 レジスタンスとヒューマニズム

そういう死をもたらす行為や原理を善と認めることによって、その死を挑発さえもしていたということを知」り、「間接的であったとしても、善意からにしても自分が殺害者の立場にいたということが死ぬほど恥ずかし」く思った。そして「直接にしろ間接にしろ、よい理由からにしろ悪い理由からにしろ、人を死なせたり、死なせることを正当化したりするすべてのものを拒否しようと決心した」(14)という。彼はそのように人の死にかかわっている存在をペストにたとえて次のように述べている。

> 僕は確かに知っているのだが（そうだ、リュー、僕は人生についてすべてを知っている。君はそれが良くわかるだろう）、誰でもそれぞれ自分のうちにペストを持っているのだ。なぜかと言えば、誰一人、その病毒を免れている者はないからだ。そして少しうっかりしたときに他者の顔に息を吹きかけて病毒をつけてしまうようなことにならないようにたえず警戒していなければならないんだ。(15)

　タルーは、ペストという自然の災厄のさなかにあって、人間がもたらす死についても思索をめぐらせ、自分自身もその死をもたらす側に立っていたことを恥と考える。そして彼は今後はそのような立場になることを極力避けようとする。

　このタルーの言葉にもカミュ自身の反省の気持ちが反映していると考えられる。前述したように、彼は死を神の不正の象徴としてとらえながら、パリ解放直後は対独協力派であった人々の粛清を支持する記事を「コンバ」に掲載し、寛容を説くモーリアックと論争になった。しかし間もなくカミュは、モーリアックの方が正しかったことを認めた。カミュは一時的にせよ、人の死を正当とする考え方

を公言していたのだ。彼はそのことを反省し、贖罪の思いを抱き、それをタルーの言葉を通して表明したとも考えられる（後にカミュは、死刑の問題について『ギロチン』で集中的に論じることになる）。また、暴力を伴う革命によって世界を造り変えようとしていた人々への批判もそこに見ることができる[16]。

　さらに「人は神によらずして聖者になることができるか――これはぼくが知っている唯一の具体的な問題だ[17]」というタルーの言葉にも注目すべきである。神に頼ることなく、人間の力だけでペストという大きな災厄と闘ったリューとともに、このタルーもまたキリスト教の枠を超えたヒューマニズムを追求した重要人物の一人である。

　『ペスト』は、抵抗運動の寓話として理解されている。ペストはナチスによってもたらされた悪の象徴であろう。登場人物のリュー、グラン、タルーはカミュの「分身」であるとともに、レジスタンスの闘士を象徴する人物であると考えられる。闘士たちが連帯し、献身的な活動を行うことによって、多くの犠牲を出しながらも外部からもたらされた悪を撃退してゆく。その闘いに一時期ナチスによって占領されたフランスを解放するために展開されたレジスタンスの闘いが重ねあわされて読まれた。この作品には他にもさまざまな思想が込められている。人間愛の精神、災厄と闘う人間同士の連帯（カミュは「カミュ＝サルトル論争」の一部を構成する「『現代』編集長への手紙」の中で、「『異邦人』から『ペスト』への変化があるとすれば、それは連帯と参加の方向にある」、と述べている）、特にリューやタルーの言葉などに見られるキリスト教批判、死刑制度に対する批判などである。こうした思想の根底にあるものは、有限な存在としての人間という立場にとどまり、決してそれを超えた絶対的な価値を求めず（飛躍を行わず）、生命を最大限に尊重するという考え方（「限界の思想」〈la pensée des limites〉）である。こう

第3章　レジスタンスとヒューマニズム

した考え方は、人々を苦しめる悪に対する反抗を説きつつも暴力を伴う革命には強く反対する態度の形成に結びついてゆく。またそれは、その後のさまざまな作品の中でもより深められた形で表現されていくことになる。

【註】
(1) Albert Camus, ŒUVRES COMPLÈTES Ⅱ, *La Peste*, p.78.
(2) *ibid*., p.149.
(3) *ibid*., p.178.
(4) *ibid*., p.248.
(5) *ibid*., p.98-99.
(6) *ibid*., p.102.
(7) *ibid*., p.120.
(8) *ibid*., p.121.
(9) *ibid*., p.184.
(10) *ibid*., p.191.
(11) *ibid*., p.242.
(12) カミュは、1948年にドミニコ教団の修道院で行った報告の中で、「私はあなた方と同様に悪に対する強い憎悪をもっています。しかし私はあなた方と同じ希望を持っておらず、子どもたちが苦しみ死んでいくこの世界に対して闘い続けるのです」(ŒUVRES COMPLÈTES Ⅱ, *L'Incroyant et les chrétiens*, p.471.) と述べている。もちろん『ペスト』という小説の登場人物であるリューがそのまま作者であるカミュの代弁者として理解することはできないが、キリスト教的世界観を否定しつつ、人々の苦しみを少しでも取り除くために闘ったカミュの思想はリューを通して語られているとも言えるだろう。
(13) *La Peste*, p.207.
(14) *ibid*., p.209.
(15) *ibid*., p.209.
(16) この『ペスト』では、筆者が語るという形で「最も絶望的な悪徳とは、自分がすべてを知っていると信じ、そこで自ら人を殺す権利を認

めるような無知の悪徳に他ならないのである」（*La Peste*, p.124.）という言葉が見られる。人を殺す権利を有するという考え方の中に人間としての限界を超えた傲慢な思想があることが示唆されている。
(17) *La Peste*, p.211.

第4章　ニヒリズムとの闘い

1　『正義の人々』

　『正義の人々』は、1949年に初演された5幕戯曲である。これは実話に基づいて創作された作品であり、カミュの「限界の思想」がよく反映されたものである。

〔第1幕〕
　『正義の人々』の背景は革命前のロシアに設定されている。幕が開き、アネンコフ（ボリア）、ドーラ、ステパン、カリャーエフ（ヤネク）、ヴォワノフの五人のテロリストたちが現れる。彼らはロシアから専制政治を追放するためにセルゲイ大公の暗殺を決定したところである。その決定には異論は出ないのだが、爆弾を投げる任務は「詩人」と呼ばれ、繊細な精神の持ち主であるカリャーエフが担うことになったため、ステパンは気分を損ねる。彼はカリャーエフのような人間はテロには不向きであると考えるからだ。彼らは革命や正義などについて論争を始めるが、彼らの間の見解の違いが次第に明らかになってくる。

　　カリャーエフ（自制しながら）：君はぼくのことを知らないんだ。ぼくは人生を愛している。退屈なんかしていない。ぼくは人生を愛しているから革命に参加したんだ。
　　ステパン：ぼくは人生を愛していない。だけど人生以上の正義を愛しているんだ。

カリャーエフ（明らかに自分を抑えながら）：みんなできる限り正義に尽くしているよ。ぼくたちの考え方がそれぞれ違うことは仕方ないことだ。だけどぼくたちはできることなら愛し合うべきだ。
ステパン：ぼくたちは愛し合うことなんかできないんだ。[1]

　ステパンは人生以上の価値があると見なした正義を愛し、悪政を敷く大公に対する憎悪に燃えている。一方カリャーエフは正義と共に人生を愛し、皆が共に愛し合えるようになることを望んでいる。こうした二人の考え方の違いがこの戯曲の基調を成しており、それは戯曲の進展につれてさらに際立ってくる。この二人の他にもう一人重要な役割を担っている人物としてドーラがいる。彼女はカリャーエフの恋人で、彼の思想をよく理解しているが、革命については彼以上に慎重な考え方を示している。そして彼らが行おうとしているのは、「人生のため、人生にチャンスを与えるための革命」なのだとカリャーエフが言った時、ドーラはそれに疑問を投げかける。

ドーラ（熱を込めて）：そうね…。（さらに低い声で少しの間黙ってから）でも私たちは死を与えようとしているのよ。
カリャーエフ：誰が、僕たちが？ああ君の言いたいことは…。それは違うことだ。いや断じて違うんだ。それに僕たちはもう誰一人殺人をしなくなるような世界をつくりあげるために殺すんだ。大地が罪のない人で満たされるためには、僕たちは犯罪者になることさえ引き受けるんだ。
ドーラ：でも、もしそうならなかったら？
カリャーエフ：黙れよ、そんな事はあり得ないことを君はよく

第4章　ニヒリズムとの闘い

知っているじゃないか。そうなったらステパンが正しいことになってしまう。そして美の顔につばを吐きかけなければならなくなるよ。(2)

ドーラから、「死を与えようとしている」とか、「もしそうならなかったら」という言葉を聞いたカリャーエフは明らかに動揺した態度を示す。これからテロを実行しようとしている彼は内心の不安を隠しきれないのだ。カリャーエフとドーラは、ステパンとは革命や正義に対する考え方が違い、大公暗殺という組織が決定した手段を必ずしも正当なものとは考えない。特にドーラはその結果にも疑問を抱くのである。もっともこの場面では、カリャーエフはすぐに自信を取り戻し、大公暗殺にかける決意を述べる。それに対してドーラがさらに、大公の憐れみ深い表情を見てしまったらどうなるだろうかと気づかった時には、彼が殺すのは、実際は、大公という人間ではなく専制政治であり、その専制政治に対する憎悪で夢中になってやるだろうと語る。そこへ組織のリーダーであるアネンコフが登場し、大公が翌日劇場に行くという情報をもたらす。そして彼らに暗殺を実行するための準備を命じる。

〔第2幕〕
　翌日の夕方、テロリストたちは部署についてカリャーエフが爆弾を投げるのを待っている。しかしいつまで待っても何も起こらない。皆が不審に思っているところへカリャーエフが泣き濡れた顔で入ってくる。彼はうつろな顔つきで正装して馬車に乗っている子供たちを見た時、腕に力が入らなくなり、どうしても爆弾を投げられなかったのである。こうした彼の行動についてステパンは、「組織は君に大公を殺せと命令した」と言って責めるが、ドーラは彼に反論

する。

　ドーラ：眼を開けてわかってほしいと思う。もし子供たちが私たちの爆弾で吹き飛ばされることを一瞬でも黙認したら、私たちの組織は、権威も信用もなくしてしまうということを。
　ステパン：僕はそんなつまらないことには興味がないね。僕たちが子供たちのことなんか無視すると決めた時こそ、僕たちが世界を支配し、革命が勝利するんだ。
　ドーラ：その日こそ、革命が人類全体から憎まれるようになるのよ。
　〈中略〉
　ドーラ：ヤネクが大公を殺すことを引き受けたのは、大公が死ねば、ロシアの子供たちがもう餓死しないような時代が早く来るだろうと思ったからよ。それだって決してやさしいことじゃない。だけど大公の甥が死んでも餓死する子供たちは一人も減らない。破壊にも一つの秩序がある、限界がある。
　ステパン：限界などあるものか。本当は君たちは革命を信じていないんだ。(3)

　ここでは正当な目的を達成するためには、その手段が制限されるべきかどうかという点についての議論が交わされている。具体的に言えば、革命の成功のためには、無関係の子供たちまでも犠牲にするような手段が認められるか否かということである。ステパンは、革命のための手段に限界はないと考え、子供たちのことなど気にせずカリャーエフは爆弾を投げるべきであったと主張する。それに対してドーラは、革命が真に人々から愛され続けるためには、その手段に限界をもうける必要があると考える。そして子供たちを巻き添

第4章　ニヒリズムとの闘い

えにすることを避けたカリャーエフを弁護する。こうして二人の対立が明らかになり、ステパンが興奮してさらに強硬な態度を示そうとした時、それまで黙っていたカリャーエフが立ち上がり、ステパンに反論する。

> カリャーエフ：ステパン、僕は自分を恥ずかしく思っている。だけど君の話はもう聞いていられないんだ。僕は専制政治を打倒するために殺人を引き受けた。しかし君の言葉の背後には、専制政治の予兆を感じるんだ。もしその専制政治がいつか定着してしまうと、僕は正義の人間でありたいと思っているのに、暗殺者にされてしまうよ。
> ステパン：たとえ暗殺者の手によるものだろうと、正義が果たされればかまわないよ。君が正義の人であろうとあるまいとどうでもいいことだ。君も僕も何ものでもないよ。
> カリャーエフ：僕たちは何ものかだ、君はよく知っているだろう、君が今日こうして話しているのも君の誇りの名においてなのだからだ。
> ステパン：僕の誇りは僕だけに関わることさ。だけど人間たちの誇り、反抗、人間たちが耐えている不正、それこそ僕たち全部に関係する問題なのだ。
> カリャーエフ：人間は正義だけで生きているんじゃない。
> ステパン：だったら、パンを盗られたら、正義以外に人間は何で生きるというのか。
> カリャーエフ：正義と潔白（innocence）だ。[4]

　第1幕では、熱狂的に正義を追求するステパンに対して、人生への愛を語ったカリャーエフは、正義と共に潔白が必要であることを

述べている。そしてさらにステパンが、革命を完成するであろう未来の人々を信じると語った時には、彼は次のように反論する。

> カリャーエフ（叫んで）：他の人々…そうか！だけど僕は僕と同じこの大地に今生きている人々を愛しているんだ。僕が敬意を払うのは彼らなんだ。彼らのために僕は闘い、死ぬことに同意するんだ。疑わしい遠い未来の都市のために、同志たちの顔をぶちのめすなんてことできないよ。死んだ正義のために生きた不正を付け加えるなんて思わないんだ。⁽⁵⁾

　カリャーエフは、すべてを正義のために犠牲にしてもかまわないと考えるステパンに対して、不確実な未来の正義のために、今生きている人間たちを犠牲にすることはできないということを語っている。カミュはこのような考え方を、後に『反抗的人間』などで社会主義の革命論への批判などを通して集中的に述べている。
　こうしてカリャーエフとステパンの二人が議論をたたかわせた後、アネンコフは結局子供たちを巻き添えにすることは無益であると決定し、２日以内に再決行することを決める。

〔第３幕〕
　再決行が決定された２日後、その企ての準備が完了し、前回と同じ場所、同じ時刻に、テロリストたちは大公の馬車が来るのを待つ。ところが、カリャーエフに続いて爆弾を投げる予定であったヴォワノフが勇気をなくして爆弾を投げられそうにないから委員会の方にまわりたいという。アネンコフがどちらの仕事をとっても危険という点では変わりはないと説明すると、自分と他人の両方の生命を炎の中に投げ込むより自分だけが死ぬことの方がずっと楽な気がする

第4章　ニヒリズムとの闘い

と言って立ち去る。ヴォワノフもテロに大きな不安を感じている人間なのである。彼の代わりはアネンコフがやることになり、彼も立ち去る。部屋にはカリャーエフとドーラだけが残る。ドーラはカリャーエフの悲しそうな様子を見て不安になり、彼にその理由を尋ねる。

　　ドーラ：私もそう思うわ。ではどうしてあなたは悲しいの？ 2日前にはあなたの顔は輝いていた。すばらしい祝典に進みゆくように見えた。それなのに今日は…。
　　カリャーエフ（立ち上がりながら、大きな心の動揺を示して）：今日は今までわからなかったことがわかったんだ。君は正しかった。殺人はそんなに簡単なことじゃない。僕は殺すことはやさしい、思想と勇気があれば十分だと信じていた。だけど僕はそんなに偉い人間ではないし、今、憎しみの中に幸福はないことがわかったんだ。すべての悪、僕の中にある、そして他の人達の中にあるすべての悪、殺人、卑劣、不正…。ああ、僕はどうしても大公を殺さなければならない…。だけど僕はぎりぎりまで行きたい！憎しみよりもっと先へ！
　　ドーラ：もっと先へ？その先には何もないわ。
　　カリャーエフ：愛がある。(6)

　カリャーエフは組織の中では、テロにも限界をもうける必要があることをドーラとともに主張してきた。だが一方で彼はドーラに対しては、動揺した態度を見せながらも、彼がやろうとしていることは、ロシアを救うための正義の行為であることを強調してきた。ところが大公暗殺直前のこの場面では、彼は敵を憎んで殺すという行為に対して以前から感じていた疑問をはっきり認めることになる。

第1部　アルベール・カミュ

　彼はそれまで自分をロシア人民の救済のために生きる革命家として自負してきたが、ここで自分がそれほど偉い人間ではないことに気づく。彼は悪を専制政治に対してだけではなく、自分の中にもはっきりと認めるようになる。専制政治を行っている大公が悪であることは確かであるが、彼はその大公を倒そうとしている自分も悪の部分、みにくい部分をわかち持つ一人の弱い人間であることを認識し、そういう自分には、大公を憎んだり殺したりする資格があるのかと自問する。

　そしてそれまでの専制政治や大公に対する憎悪を乗り越えて、愛に生きるべきだと考えるようになる。しかし人民を忘れることもできない。正義の中で人民への愛に生きようとすれば、やはり彼らを苦しめている大公を殺さなければならない。すなわち彼は、正義のために、自分が正当化できないと思った行為を行わなければならない。そのことが彼の苦悩を一層深める。しかもドーラからは、彼が語る愛そのものを本当の愛なのかと疑問視され、彼は混乱する。

　　ドーラ：愛？いいえ、そんなものは必要ないのよ。
　　カリャーエフ：ああ、ドーラ、君はどうしてそんなことを言うんだ、僕は君の心を知っているんだ。
　　ドーラ：血が多すぎるの。激しい暴力が多すぎるの。本当に正義を愛する人たちは、人を愛する権利なんてないのよ。彼らは私のように、頭を上げ、眼をじっと据えて立っている。愛がこんな高慢な人間たちの心の中に入ったって何ができるのかしら？愛とはやさしく頭を垂れさせるものよ。ヤネク、私たちは首をかたく伸ばしている人間だわ。
　　カリャーエフ：でも、僕たちは人民を愛している。
　　ドーラ：愛している、その通りね。何の支えもなく、茫漠とし

第4章　ニヒリズムとの闘い

た不幸な愛で私たちは人民を愛している。彼らから離れて、部屋の中に閉じこもって、自分たちの思想にふけって私たちは生きている。そして人民は私たちを愛しているかしら？私たちが愛していることを知っているかしら？人民は黙っている。何という沈黙なの、何という沈黙なの…。
　カリャーエフ：だけどそれが愛なんだ。報いられる希望もなく、すべてを与え、すべてを犠牲にすることが。
　ドーラ：そうかもしれない。それこそ完全な愛ね。純粋で孤独な喜びだわ。私が本当に心を燃やせるのはそういう愛よ。でも時には私は愛とはもっと別のものではないか、独り言ではなくなるのではないか、そして時には一つの答えもないのではないかと思うことがあるの。私はこんなことを想像するの。よく聞いて、空には太陽が輝き、私たちは頭をやさしく垂れて、高慢さが心の中からすっかりなくなって、両腕を拡げあうの。ああ、ヤネク、もしたったひとときでもこの世の恐ろしい悲惨を忘れて、なるがままに身をゆだねることができたら。ただほんのひとときのエゴイズム、あなたはそのようなこと考えられる？[7]

　カリャーエフは人民を無償の愛で愛しているという。それが彼にとって正義の中の真の愛であり、行動の動機なのだ。だがドーラはそのような愛を純粋ですばらしい愛だと認めながらも、疑いの目でも見つめている。彼女はその愛が、本当に人間的なあたたかみのある愛ではなく、抽象的な原理の中の愛ではないかとも思うからである。ただ彼女が言いたいことはそれだけではない。彼女はカリャーエフの言う純粋な愛についての疑問を語りながら、彼女たちが他の恋人たちのように幸福になれなかった悔しさを訴えている。正義にこだわり続けた二人のかたくなな態度を悔やんでいる。自分たちが

直接引き起こしたわけではない世界の悲惨にどうして自分たちが責任を持たなければならないのかと問いかけている。恋人のカリャーエフは死に向かって歩み出そうとしている。たとえそれが正義のための闘いに生命を燃やし尽くそうとする行為ではあっても、すぐそこにある幸福をかなぐり捨てて、犯罪者として処刑される道を選ぶのである。ドーラはそういうカリャーエフに決心の変更を迫っているのではない。だが、彼女はそれまでの人生やカリャーエフとの関係があまりに純粋すぎた、あまりに理想に忠実でありすぎた、もう少しエゴイストであってもよかったのではないかと思うのである。しかし彼女はそうしたわがままがもはや通用する状況ではないことをすぐに悟る。

　　カリャーエフ（荒々しく）：黙れよ。僕の心は君のことでいっぱいなんだ。だけどもうすぐ、僕はふるえることさえできなくなる。
　　ドーラ（取り乱して）：もうすぐ？そうね忘れていた。（彼女はまるで泣いているように笑う）いいえ、とてもいいことね。おこらないで、私おかしかったのよ。疲れていたからだわ。私だってそんなこと言えるはずはなかった。私はあなたを愛している、いつもあまり変わらない愛で、正義の中でも、監獄の中でも。ヤネク、夏のこと覚えている？いいえ、だめね、私たちには永遠の冬しかないんだから。私たちはこの世の人間じゃない。正義の人間なのよ。私たちには暑さなんか関係ないのよ。（顔を背けて）ああ、憐れな正義の人々ね！[(8)]

　ドーラはカリャーエフに愛の確認を迫る。しかしテロリストにはそのような個人的な感情は許されない。彼女は彼の決然とした態度

第4章　ニヒリズムとの闘い

を前に、一切の抵抗が無駄であることを理解する。そして正義に生きる人間として担っている重大な使命を再確認し、耐えなければならない苦難を覚悟する。

　二人が最後の会話を交わしている間に、ついに決行の時がやってくる。カリャーエフはドーラと、そのときに入ってきたアネンコフやステパンに別れを告げ、聖像の前で十字を切って部屋を出て行く。そうした彼の様子を見ていたステパンは、彼を頼もしく感じ、ドーラに次のように語る。

　　ステパン：彼はまっすぐ歩いて行くんだなあ。僕は間違っていたよ、ほら、ヤネクを信用しなくてさ。彼のすぐ夢中になる癖が嫌いだったんだ。彼は十字を切ってたろう、見たね？信者なのかい？
　　ドーラ：教会には通ってないわ。
　　ステパン：だけど宗教心はあるんだな。それが僕たちを隔てていたんだ。僕はあいつよりも荒々しい人間だけどね。神を信じない僕たちには、何よりも正義が必要さ、さもなければ絶望さ。
　　ドーラ：あの人には、正義そのものが絶望的なのよ。[9]

　ここで再びステパンとドーラ及びカリャーエフの考え方の違いが浮き彫りにされる。ステパンは神を信じていないが、その代わりに正義を信じている。彼にとって正義は神の代わりになる絶対的な原理であり「信仰」の対象なのだ。それに対してカリャーエフは教会には通っていないが宗教心は持っている。そして彼は正義に生きる人間ではあるが、ドーラによれば、彼にとっては「正義そのものが絶望的」なのだ。それはカリャーエフが正義を実現するために行う手段を決して正当化することができなかったからだ。すなわち彼に

とって、正義とは、その実現のためにいかなる手段をも正当化できるような絶対的な価値を有する目的ではなかった。彼は正義という一つの原理よりも人間の生命の方を大切にしたかったのだ。

やがて7時の鐘が鳴り、いよいよ大公がやってくる。そしてカリャーエフは2回目の企てで暗殺に成功する。

〔第4幕〕
大公を暗殺したカリャーエフは独房に収監される。ある朝、彼は掃除をするために入ってきた囚人フォカに話しかけられる。フォカは、カリャーエフからセルゲイ大公を殺したと聞かされて驚く。そこでカリャーエフは、彼が革命社会主義者であるということと、世界から悲惨なことが少しでもなくなることをめざしているのだという彼の思想を説明し、神ではなく、正義こそ大切であると力説する。そして聖ドミトリの伝説を教える。それは次のようなものだ。

その人は、神様と草原で会うことになっていた。急いで行く途中で農民に出会った。ところがその農民がぬかるみにはまりこんでいたんだ。そこで聖ドミトリはその農民の手助けをしてやった。どろどろで、ひどいぬかるみだった。かれこれ1時間も奮闘しなければならなかった。そこでやっと終わって、聖ドミトリは約束の場所に駆けつけた。ところが神様はもうそこにはいなかったのさ。(10)

フォカが退場した後、警視総監スクーラトフが看守と一緒に登場する。スクーラトフはカリャーエフに、政治や思想の問題を切り離して、人を殺したという事実を素直に認め、生きる決心をすれば特赦が与えられるかもしれないと述べる。彼が立ち去った後、続いて

第4章　ニヒリズムとの闘い

　大公妃が現れ、大公が殺されて自分が一人残された苦しさと寂しさを語り、カリャーエフに彼が行った行為についての釈明を求める。犯罪者扱いされたカリャーエフは怒りだし、大公は極悪の不正の権化であったと語る。そして彼の行為がロシア人民を救うための正義の行為であったことを強調する。キリスト者として「愛」の精神を持っているつもりの大公妃も彼を一方的に責めることはしない。だが、彼がかたくなに犯罪を否認し、大公の死についても、「あんな死に方なら何でもない」とまで言った時は彼女は泣き出す。彼女は大公が殺害された時の悲惨な状況を説明し、殺される２時間前に大公が肘掛け椅子に座って眠っていたと語った時には、さすがのカリャーエフも尻込みする。彼は自分の行為の正当性を心を鬼にして主張していたが、彼女から大公という一人の人間の死に様を聞かされて改めて殺人者としての自覚を強いられ、心が乱れるのである。だが、彼は大公妃の誘いの手には乗らない。

　　大公妃：私と一緒にお祈りしてくれませんか、自分の過ちを悔い改めて…。そうすれば、私たちはもう孤独ではなくなるんです。
　　カリャーエフ：放っておいてください、死ぬ準備をさせてください。もし死ねなかったら、そのときこそ僕は殺人犯になるんです。[11]

　大公妃はカリャーエフに罪を認めさせ、悔い改めさせることによって、彼を特赦にし、「罪人」を救ってやろうとしている。もちろん彼女がこのようなふるまいに出た背景には、彼女の「宗教心」があるだけではなく、彼女の背後にいるスクーラトフの、カリャーエフをテロリストグループから脱落させ、組織をつぶそうとする働

きかけもあろう。しかしカリャーエフは「悔い改め」を拒否する。彼は、大公暗殺はロシアの人民を救うために必要なことであると確信している。とは言っても、それで人を殺すということが赦されるとは考えていない。そこで死の準備をするのである。

こうしたカリャーエフに対して大公妃は、「殺人者であること」を受け容れなければならないということ、そして「神だけが罪をお赦しになるであろう」ことを述べる。これに対してカリャーエフは激しく反発する。彼は聖教会の神などに用はないという。そして聖教会は「恩寵は自己のためにとっておいて、慈善を施すという役目は我々に任せた」と言って聖教会を厳しく批判する。

カリャーエフは宗教心を抱いているが、彼にとって聖教会は、人民を弾圧し続けている権力のための御用機関でしかない。自己の行為を悔い改めてそのような教会が信じる神に赦しを請うなどということは彼には考えられないのである。

さらにもう一度大公妃が「一緒に祈ってください」と言った時には、彼は「神に会うことはあてにしていないが、死ぬ時には自分の愛している人々と会う約束をしっかりと果たして死にたい」と語る（これはカリャーエフがフォカに語った聖ドミトリの伝説に基づいた言葉であると考えられる）。また大公妃が神から離れて愛はない、と言った時には、「人類のための愛があり、人類とともに死ぬ」と述べる。

〔第5幕〕

カリャーエフがスクーラトフや大公妃と会見した1週間後、舞台は別の部屋に移される。そこでは残されたテロリストたちがカリャーエフの身を案じている。特赦がおりなければ、いよいよ今夜あたり処刑が行われる可能性があるからである。ドーラは、カ

第4章　ニヒリズムとの闘い

リャーエフが特赦を願ったりせず処刑されることを確信している。彼女は、もしカリャーエフが特赦を受けるとしたら、それは彼が後悔し、仲間を裏切ったことになると考えるからである。だが、もちろん彼女は恋人の死が近づいても平然としているわけではない。ステパンが部屋から出て行った後、彼女はアネンコフに心の苦しみを訴える。

> ドーラ：死！絞首刑！そしてもう一度、死！ああ！ボリア！
> アネンコフ：そうだよ、ドーラ。だけどそれ以外には解決の方法はないんだ。
> ドーラ：そんなこと言わないで。たった一つの解決が死だというんなら、私たちは正しい道に生きているのではないわ。正しい道とは、生命に導く道、太陽に導く道よ。いつも寒い思いばかりすることなんかできないわ…。
> アネンコフ：それもやはり、生命に導く道なんだ。他の人の生命にね。ロシアは生きていく、僕たちの小さな子供たちは生きていくだろう。ヤネクは言ってたろう。「ロシアはよくなるだろう」って。
> ドーラ：他の人たち、私たちの小さな子供たち、…。そうね。だけどヤネクは監獄にいる。縄は冷たいわ。あの人は死んでいく。もう死んでいるかもしれない、他の人たちが生きていくために。ああ！ボリア！でも、もし他の人たちが生きなかったら？そしてあの人の死が何の役にも立たなかったら？[12]

ここでドーラはみたびテロの有効性に疑問を投げかける。もともと彼女は大公を殺し、自分も死ぬという行為を決して賞賛しようとしていない。ただそれはロシアをよくするためには避けられない手

段であると考え、自分を納得させようとしてきた。だが、それによって本当にロシアがよくなるのだろうか、という疑念が彼女の頭から離れないのである。もしロシアがよくならなかったらカリャーエフの行為も彼がそのために死ぬこともすべて無駄になってしまう。そうした疑念を持ちながら、彼女は彼女をなだめようとするアネンコフにさらに次のように語る。

　ドーラ：わかっているわ。私たちは世界の不幸を引き受けたのね。あの人もそう、引き受けたのよ。なんていう勇気なんでしょう！けれど、ときどき私は、そのうち罰せられる思い上がりじゃないかって思うの。
　アネンコフ：それは我々が我々の生命で支払う思い上がりだ。誰もそれ以上のことはできない。我々に権利のある思い上がりなんだ。
　ドーラ：誰もそれ以上のことはできないなんてわたしたち言い切れるかしら？ときどきステパンの話を聞いていると恐くなる。別の人が来て、私たちを口実にして人殺しをするかもしれない。彼らは自分たちの生命を支払わないかもしれない。
　アネンコフ：そうなったら卑怯というものだよ、ドーラ。
　ドーラ：そうかもしれない。でももしかしたら、それが正義になるかもしれない。そうなったら誰ももう正義をまともに見ようとしなくなるでしょう。⁽¹³⁾

　ドーラは大公暗殺という行動の有効性に疑問をもつと共に、その行動がやがては限界をもたない（歯止めのない）テロ行為の口実にされ、それによって正義が多くの人々の反発をかう原理になってしまうことを危惧するのだ。そして彼女はつぶやく、「正義より愛

第4章　ニヒリズムとの闘い

を！」（l'amour plutôt que la justice）

　ドーラとアネンコフが会話をしている時にヴォワノフとステパンが入ってくる。そしてステパンからからカリャーエフが朝の２時に絞首刑になったことを知る。それを聞いたドーラは、カリャーエフの処刑によって自分たちの行為が正当化されたと語る。そして次には自分が爆弾を投げて、カリャーエフと同じ縄で処刑されれば「何もかもずっと楽になる」と語る。

　『ドイツ人の友への手紙』では、「祖国を正義の中で愛し、国家権力に真理を与えたい」という言葉が見られる。すなわち祖国を絶対化する盲目的な愛国心の代わりに正義という概念を中心にすえた思想が展開されている。しかしこの『正義の人々』ではその正義のあり方が厳しく問われている。

　人間の世界では愛国心の名において、戦争をはじめとする非人道的な行為が繰り返されてきたが、正義の名においても同様のことがしばしば行われている。正義を振りかざす人々が暴走するのは、彼らが主張する「正義」が絶対化されるからである。特定の原理が絶対的に「正しい」とされると、それとは異なるものは「正しくない」と決めつけられ、「正しくない」ものは破壊されて当然であるという考え方が生まれる。戦争やテロなどが正当化されるのだ。この作品の中ではその正義の絶対化が否定され、正義のための行為においても限界が必要であることが説かれているのだ。そこに正義についての思索の深まりを見ることができる。

　この作品の主人公カリャーエフは悪政を行っていた大公暗殺を引き受ける。ただ彼は大公だけが悪とは考えず、自分の中にもそして他の人々の中にも悪を認める。それでも心を奮い立たせて正義の行為として大公暗殺を実行しようとする。しかし子供たちが大公と同

じ馬車に乗っていた時には爆弾を投げることができなかった。その後彼は大公だけを暗殺することに成功するが、やはり人命を奪うその行為を正当化できなかった。そこであらゆる救いの手を拒否して死ぬ準備をするのだ。

なお、カミュが『反抗的人間』の補遺として書いた『心優しき殺人者たち』の註によると、カリャーエフは実在した人物で、その行為も実話に基づくものであるという。彼は、詩人肌の文学青年で「詩人」とあだ名を与えられていたというが、1905年ロシアのセルゲイ大公を暗殺し、絞首刑に処せられている。またカミュは、カリャーエフとヴノロフスキー（1906年、モスクワ総督ドゥパーソン暗殺を企て爆死した）について次のように述べている。

　　自分たちが必然的であると思ったものを正当化できなかった彼らは自己自身を正当化にゆだねることを、また、自己に発した問いに個人的犠牲によって答えることを想像したのである。
　　〈中略〉
　　カリャーエフも、ヴノロフスキーも、他の人々も生命が等価値であると信じていた。その証拠となるものは、彼らは思想のために殺人を犯すとはいえ、いかなる思想も人間の生命以上のものとは考えてはいなかったということである[14]。

カミュはアルジェリア在住時代から、右翼ファシズムなどの犯罪を告発し、抵抗を続けてきた作家である。しかし彼は戦後においては、政治的に左翼とよばれる陣営にも安易に荷担することを拒否して、独自の道を歩もうとする姿勢を示すことになる。その道とは、「限界の思想」に基づき、あらゆる全体主義・圧政・強制収容所・暴力革命などを否定して真の平和主義と人道主義の確立をめざそう

第4章 ニヒリズムとの闘い

とするものである。『正義の人々』とその後に発表された『反抗的人間』はそのような彼の姿勢を象徴する作品である。

もっともその道の選択は、サルトルら左派の知識人との論争とその後の絶縁などを招き、それ以後のカミュの創作活動にも暗い影を投げかけた。この作品の登場人物の苦悩は、苦境に向かって歩み出そうとしていたカミュ自身の苦悩と重なるところが大きいと言えよう。

この作品にも見られるキリスト教批判にも注目したい。主人公のカリャーエフは行動を起こす前に十字を切っている。しかし彼は農民の手助けをしたことが原因で待ち合わせの場所に遅れた人を待たずに帰ってしまった「つれない神」の伝説を語る。そして神への愛ではなく、人類への愛を強調する。

ただ倫理的な面では、この作品は決して反キリストの思想を伝えるものではない。カリャーエフやドーラ(「正義よりも愛を」と叫ぶ)の考え方は、「正義は人のためにあるもので、人が正義のためにあるのではない」というものであり、正義という原理よりも人間への愛を重視するものである。そこに「安息日は人のためにあるもので、人が安息日のためにあるのではない」と述べたキリストの教えと同質のヒューマニズムが見出されるのではないか。

【註】
(1) Albert Camus, ŒUVRES COMPLÈTES Ⅲ, Gallimard, 2011. *Les Justes*, pp.11-12.
(2) *ibid*., p.13.
(3) *ibid*., pp.20-22.
(4) *ibid*., pp.22-23.
(5) *ibid*., p.23.
(6) *ibid*., p.29.
(7) *ibid*., pp.29-30.
(8) *ibid*., p.31.

(9) *ibid.*, p.32.
(10) *ibid.*,p.35.
(11) *ibid.*,p.42.
(12) *ibid.*,pp.47.
(13) *ibid.*,p.48.
(14) Albert Camus, ŒUVRES COMPLÈTES Ⅲ, *Les Meutriers délicats*, p.342.

2 『反抗的人間』

『反抗的人間』は1951年に発表されたエッセーで、カミュの作品の中でも特に大きな議論を巻き起こしたものである。彼はすでに『シーシュポスの神話』において、「不条理から、私の反抗、私の自由、私の情熱という3つの帰結を引き出す」と述べて「反抗」と不条理との深い関係を説いている。また、1945年に『反抗に関する考察』と題するエッセーを発表しており、それがこの『反抗的人間』の土台となっていると考えられる。

『反抗的人間』では、序説で、「発作的犯罪（des crimes de passion）と論理的犯罪（des crimes de logique）とがある」と指摘されている。そして「本書の目的は論理的犯罪という今日の現実をもう一度取り上げ、その正当性を正しく検討することになる」とされている。また、カミュが『シーシュポスの神話』等の作品の中で展開してきた不条理の思想を通して自殺と殺人の問題が取り上げられている。

不条理の推論においては、「人間の問いと世界の沈黙との間に、絶望的対立を保つことと自殺を拒否すること」が最後の結論とされる。「生があればこそその対立が可能となり、生がなければ不条理の賭は支柱を失うのだから、生が唯一の必然的善として認められる」以上、自殺は拒否すべきものなのである。したがって、「自殺

第4章　ニヒリズムとの闘い

という結論は不条理の推論によれば、逃避か解放となる」。そして「自殺に一貫した整合性を拒否するならば殺人にもそれを与えることはできない。不条理の思想がしみこんだ精神は、おそらく宿命的殺人（le meutre de fatalité）は認めるだろうが、論理的殺人（le meutre de raisonnement）を受け容れることはできないだろう」。反対に「自殺の正当化を認める絶対的ニヒリズムはもっと容易に論理的殺人へと走る」(1)というのだ。このニヒリズムを克服すること、それが『反抗的人間』で説かれている特に重要な主題の一つである。

　第1章「反抗的人間」では、「反抗的人間はノン（否）という人間である」とされる。その反抗という行動は赦し難いと判断される侵害に対して絶対的拒否と同時に正統な権利に対する漠然とした確信とに、さらに正確に言えば、「反抗者のもつ「〜する権利」という感じに基づいている」。また反抗的奴隷は「境界線を認めると同時に、境界線の内側にあると思われ、またそこに残しておきたいと思う一切のことを肯定する」(2)。そして「人間の連帯性は反抗的行動に基づいて」おり、「不条理の体験では、苦悩は個人的なものである」が、「反抗的行動が始まると、それは集団的であるという意識を持ち、万人の冒険となる」(3)。

　すなわち、カミュのいう反抗的行動とは、不当な行為に対する連帯性をともなった、そして一定の限界の存在を前提として行われる抵抗・不服従の行動なのである。

　第2章では「形而上的反抗」が取り上げられている。形而上的反抗とは、人間の創造と目的に異議をさしはさむ行動で、18世紀の末にようやく一貫した形で思想史の中に現れるが、その原型ははるか昔『旧約聖書』の時代に見られる。

　「人格神（le dieu personnel）が君臨し始めると反抗は直ちに断固たる激しい決意をもって立ち上がり、決定的なノンを宣言する」。

第1部　アルベール・カミュ

　最初の反抗はカインとともに始まる。「現在、我々が体験しているような反抗の歴史は、プロメテウスの弟子たちの歴史であるというより、むしろカインの末裔たちの歴史である」とカミュは考える。「この意味において、反抗的エネルギーを動員するものは特に旧約聖書の神」なのである。
　しかし『新約聖書』が成立することで状況は大きく変化する。「新約聖書は神の顔を和らげ、神と人間との間に仲介者を立てて、この世のすべてのカインたちに先んじて答える試みとして考えることができる。キリストが出現して、まさに反抗者が問題にした悪と死という二つの重要な問題を解決した」。キリストの苦悩は人間の苦悶を軽くすることにもなった。ところが「キリスト教が卓越していた時期を過ぎて、理性の批判の的となった時から、キリストの神性が否定されたことにまさに比例して、苦悩は再び人間の宿命となった」。
　そして18世紀の自由思想家たちによって近代の形而上的反抗が始まるのだ。その筆頭に挙げられるのはサドである。しかし彼の理想の共和国には放縦があるばかりだ。彼は全的な自由を要求したが、それは他人の無視や哀れみの抹殺につながる。ロマン主義的反抗も人類の味方にはなりえない。しかしイワン・カラマーゾフは一歩前進する。彼は「人類の味方となり、その無罪を強調する。人類を圧迫する死の宿命は不当だと断言する」。彼は子供たちが不当な死を遂げるこの世界にあって愛の原理としての神を拒否し、永世も拒否する。そして「永世が存在しなければ賞罰も善悪もない」と考える。すなわち「すべてが赦される」。この「すべてが赦される」から「近代的ニヒリズムの歴史が実際に始まる」。彼の思想は父親殺しを誘発する。彼は人間の条件の象徴としての死刑を憎むが、同時に犯罪に向かって進むことになる。「理性的反抗は、彼とともに、

狂気に終わる」。もはや神を信じることがなく、神による罰を恐れることがなくなった人間はどんな犯罪でも平気で犯す可能性のある存在になってしまった、というのである。

　ニヒリズムはニーチェによってはじめて意識的になった。ニーチェの哲学は「《神は死んだ》ことを既成事実として考えて、彼の反抗はそこから出発している」。ただ「彼が特にキリスト教を攻撃するのは、単に道徳面から考えてのことである。彼はイエスの人格にはふれないでいる。他方では教会の冷笑的（cynique）な諸相にはふれないでいる」。そして、ニーチェによれば「信仰ではなくて、仕事」がキリストの使命であるが、カミュは「その後のキリスト教の歴史は、この使命に対する裏切りの長い歴史以外のものではない」(8)と考え、キリスト教の変質について次のように述べる。

　　キリスト教が主の教えに加えた重大な腐敗とは何だろうか。それはキリストの教えに関係のない審判の思想であり、賞罰の相関的な概念である。その時から自然は歴史となり、歴史が深い意味を持つようになり、人類の全体性の思想が生まれたのである。それによれば、福音から最後の審判に至るまで、人間はあらかじめ書かれた物語の、明確に道徳的な目的に適合するように努めるだけでよいのだ。唯一の違いは、物語の結末において人間たちが彼ら自身で善人と悪人とに分かれることである。キリストの唯一の裁きは、自然の罪（le péché）は重要ではないということであったのに、歴史的キリスト教はあらゆる自然を罪の源泉とする。「キリストの否定するものは何か、現在、キリスト教徒という名を持つすべてのものである」。キリスト教は世界に一つの方向を与えるという理由でニヒリズムと闘っていると信じている。しかしキリスト教は人生に空想的な意味

を課し、その真の意味の発見を妨げる限りにおいてそれ自体虚無的である。「すべての教会はキリストの墓の上に転がされた石である。それは力ずくでキリストが蘇るのを妨げている」。ニーチェは逆説的ではあるが意味深い結論を述べている。それによると、「キリスト教が神聖なものを世俗化したために、神はキリスト教のために死んだ」ということである。「ここにおいて歴史的キリスト教と、「その根深い軽蔑すべき二枚舌」を理解しなければならない」(9)。

　カミュは「キリスト」と「キリスト教」を区別した。そして彼は、最後の審判の思想や賞罰の相関的観念などを持つようになり、歴史が深い意味を持つようになった「キリスト教」に対して厳しい批判を加えているが、キリスト教のこのような側面に対する批判は『反抗的人間』の中で繰り返されており、この作品の重要な論点の一つとなっている。ここで考察の対象をカミュのニーチェ観に戻したい。
　カミュは、ニーチェの反抗をニヒリズムの土壌から抜け出したものとは見なしていない。彼はニーチェの「反抗は悪の高揚（l'exaltation du mal）に到達する」という。
　カミュがニーチェの思想において特に問題にするものは「絶対的肯定」（l'affirmatin absolue）である。「すべてを肯定することは殺人をも肯定することを予想させる」。またニーチェの生成への肯定は歴史の肯定につながり、「ニーチェが宇宙の前にひざまずかせた反逆者は、その後は歴史の前にひざまずくことになる」。
　カミュは絶対的否定を「個人と同時に罪を神聖化した」ものとして退ける一方で、絶対的肯定をも「人間自身と同時に殺人を普遍化した」(10)ものとして退ける。彼はいかなる形においても「絶対」を認めないのだ。

第4章　ニヒリズムとの闘い

　形而上的反抗は人間の創造の目的に異議をさしはさむ行動であった。その反抗を企てた者たちはそれぞれに、ある意味で理にかなった言動も行っていたが、いずれも守るべき限界を超えてその起源を忘れてしまっている。従って「反抗の獲得するものがみにくいものであることを認めなければならない」という。そして次のように説く。

　　存在するものの全体的拒否、絶対的否定（ノン）を反抗が神格化するたびごとに、反抗は殺人を犯す。また存在するものを盲目的に受け容れ、絶対的肯定（ウイ）を叫ぶごとに、反抗は殺人を犯す。創造者に対する憎悪は、創造に対する憎悪に変わるか、または存在するものに対する排他的で挑戦的な愛に変わる。しかしどちらの場合でも、殺人に至り、反抗と呼ばれる権利を失う。ニヒリストには二通りあるが、どちらも過度に絶対を求める。確かに死を望む反抗者と殺人を望む反抗者がある。[11]

　第3章では「歴史的反抗」について論じられている。最初に反抗から革命への変化について書かれている。
　起源を忘れて殺人を許容するようになる反抗はもはやその名に値しない。反抗が革命へと変化するのだ。「革命は形而上的反抗の論理的帰結」であり、それは「神を拒否し、歴史を選択する」。反抗的行動の歴史は、参加と抗議の歴史であるが、「革命は行為を思想によって規定し、世界を理論の枠にはめ込もうとする試み」である。その端緒を開いたのはフランス革命である。「ある意味で、1793年に反抗の時代は終わり、断頭台上で、革命の時代が始まっていた」[12]。その時代の思想家の中でまずルソーが取り上げられる。
　17世紀までの王権神授説の時代にあっては、王政は神権説に依っており、王は「神の使命をゆだねられた者」であった。しかしル

ソーの『社会契約論』においては、このような従来の神に代わって「一般意志が神そのものとして措定されている」。そして神の代理であった王に代わって人民が主権者とされる。その新しい主権者は、絶対に誤りを犯さない者として、「神格的人間としての属性」をすべて備えている(13)。こうしたルソーの思想に学びつつ行われたとも言われるフランス大革命は、「神聖な人類」と「わが神人類」の治世のはじめになろうとした。そのためには「まず失格した主権者が消え失せなければならない(14)」。こうして国王は処刑されるのだ。

人間が神となる王国においては「歴史の治世が始まり、人間はその歴史とだけ一致して、真の反抗に背き、それ以後は20世紀のニヒリズムの革命に献身する(15)」ことになる。その思想的土台を築いたのがヘーゲルである。

「かつては、神か主人と奴隷との関係を超えた原理が介在していて、人間の歴史を単に勝利か敗北の歴史に帰してしまうことのないようにすることができた」。しかし「それに反して、ヘーゲルとヘーゲル学派は、あらゆる超越と超越への郷愁を次第に滅ぼすように努力した(16)」。すなわちヘーゲルは歴史の終末においてはじめて明らかにされる価値以外は認めないという思想を打ち立てたというのだ。

ヘーゲルの態度は次の言葉に帰せられるという。

　　これは真理だ。しかし我々には誤りのように思われる。だが真理なのだ。なぜならまさに誤りにもなりうるからだ。それを立証するのは私でなく歴史であり、歴史が完了する時にその証拠が示されるであろう(17)。

この主張は二つの態度を生じさせるという。「一つは証拠が示さ

れる時まで一切の肯定を中止することであり、他の一つは歴史の中にあって成功が定められているように思われるすべてのもの、まず第一に力を肯定することである」[18]。これらいずれの場合にもニヒリズムがある[19]。

19世紀のロシアでは、ヘーゲルの思想の継承者であるニヒリストたちが活動を活発化させた。そしてそこからテロリストが生まれた。しかしその中に「心優しき殺害者たち」も現れた。『正義の人々』の主人公となったカリャーエフとその仲間たちである。

カリャーエフはロシアのために大公を殺そうとした。しかし子供たちを巻き添えにすることを拒否した。そして次の機会で大公のみを殺害することに成功した彼は自発的に死を受け容れた。そのようなカリャーエフは、カミュによると、前述したように、「いかなる思想も人命以上には考えていなかった」。彼は「死を賭してまで歴史に忠誠を尽くすが、その死ぬ瞬間において歴史の上に自分をおく」。そして「ニヒリズムに打ち勝った」[20][21]のだ。

20世紀においてニヒリズムは、しばしばファシズムという形をとって現れた。「何一つ意味を持たず、歴史は偶然の力でしかないという考えの上に国家を建てた」のはファシストが最初である。ファシストたちの中でとりわけ大きな問題となるのはやはりムッソリーニとヒトラーである。1914年以来ムッソリーニは「無政府主義的聖なる宗教」を予告しており、自分はあらゆるキリスト教の敵であると宣言した。またヒトラーが「自分のものとして認めたその宗教は、ためらいなく、神と英雄廟を併置した」[22]。その「ヒトラーの犯罪、特にユダヤ人の大虐殺は歴史上最も類を見ないものである」。そして「ヒトラー教の中に歴史的に表明された虚無的革命はかくのごとく並はずれて大きな虚無しか引き起こさなかった。そしてそれは結局それ自身にはね返ることになった」[23]。

ただ、このドイツ帝国というものは「世界都市とは何の関係も持っていなかった」し、「見せかけとは逆に、ドイツの革命は未来のないものだった」。これに対して「ロシアのコミュニズムは、その起源そのものが公然と世界帝国を目指し」、「形而上的野心と、神の死の後でついに神格化された人間の都市の建設とを引き受けた」。そして「歴史それ自体と同じくらいに飽くことのない人間の神性への強い要求は、ヒトラー以上に理性的で真面目で効果的に、ロシアに建てられた合理的国家という形をとって再び現れた」。このロシアのコミュニズム、すなわちソ連の理論は、マルクスに始まる科学的社会主義の思想に基づいたものである。

しかしマルクスが社会主義について語る時、「常に未来の事柄として抽象的な言葉で語らざるを得なかった」。しかもその予言は事実から離れてゆく。「『共産党宣言』の教義は20年後に『資本論』があらわれた時、厳密に言えばもはや正確でなかった」。それでも「彼の予言は増大した信仰の対象となったと言うことができる」。そこでマルキシズムとその相続人たちが主に予言という角度から追求される。

カミュは、マルクスが持っていた「革命的メシアニズム」に影響を与えたのは「元来はキリスト教的であり、ブルジョア的であって、歴史的であるとともに科学的であったメシアニズム」であると考えた。そこでキリスト教とマルクス主義との関連がまず吟味される。彼によれば、キリスト教的世界観とマルクス的世界観はともに「ギリシャ的姿勢とは異なる世界観を持つ」。

キリスト教徒は「人生および一連の事件を起源から終末に向かって展開される歴史と見なした最初の人間である。この歴史の流れの中で、人間は救済されるか、罰を受けるかする」。

これに対して「ギリシャ人は世界を循環するものとして想像し

第4章　ニヒリズムとの闘い

た」。ギリシャ精神とキリスト教との違いは「円（un cercle）と直線（une ligne droite）との違い」である。ただ「キリスト教は地中海世界に広がるためにギリシャ化しなければならなかった。そしてその教義は一気に柔軟になった」。しかしキリスト教がギリシャ思想と完全に融合したわけではない。「キリスト教の独自性は、古代世界に、それまでは決して結びつかなかった歴史と罪の二つの概念を導き入れた」⁽²⁸⁾。歴史的思想はギリシャ人が愛した自然と対立する。そのことについてカミュは次のように述べている。

　　仲介の思想によってキリスト教はギリシャ的である。しかし歴史性という概念によって、それはユダヤ的であり、ドイツ観念論の中に自己を見出すであろう。
　　この断絶は自然と歴史的思想との敵対的関係を強調することでよりよく理解される。歴史的思想から見ると、自然は観照の対象ではなく、変貌の対象である。マルキストにとってと同様キリスト教徒にとっても、自然は制御されなければならない。ところがギリシャ人は、自然に従う方がよいという意見である。古代人の宇宙への愛は、世界の差し迫った終末を待ち焦がれていた初期のキリスト教徒が知らなかったものである⁽²⁹⁾。

キリスト教と結びついたギリシャ思想は「アルビジョア派としてのすばらしい開花」⁽³⁰⁾と聖フランチェスコを生む⁽³¹⁾。ところが「異端尋問と、異端邪説と見なされたカタリ派の殲滅によって、教会は再び世界と美から離れて自然よりも歴史に優位を与える」ことになった。そのようなキリスト教にとって「自然はもはや神のドラマの書き割り」でしかなく、「人間的なものと自然とのすばらしい均衡、人間の世界への同意、それは古代の全思想を持ち上げ輝かせる

が、まず、キリスト教によって歴史を利するために破壊された」とカミュは考える。さらに彼は次のように続ける。

> キリストの神性が否定され、ドイツ観念論の助力によってキリストがもはや人神を象徴するにすぎなくなってから、仲介という概念は消滅し、ユダヤ的世界が復活する。軍隊の冷酷な神が新たに君臨し、一切の美は閑な享楽の源として侮辱され、自然そのものも服従させられる。この見地から言えば、マルクスは歴史的神のエレミアであり、革命の聖アウグスティヌスである。このことが彼の教義の明確に反動的側面を説明するわけであるが、それを感じさせるには反動の知的空論家であった彼の同時代人の一人と比較するだけで十分であろう[32]。

マルクスの歴史観では、歴史の終末に最後の審判が行われるとするキリスト教とは異なり、未来に理想的な世界が実現することになっている。しかしキリスト教同様、歴史に優位を与える思想であることには変わりない。そこにおいては自然はより価値の低いものとみなされている。

マルクスはキリスト教徒と違って神を信じない。「マルクス主義的無神論は絶対的である」とさえ言える。「しかしそれは至高の存在者を人間の水準において復活させる。『宗教の批判は、人間は人間にとって至高の存在者であるというこの教義に達する』。この角度からみると社会主義は人間の神格化の企てであり、伝統的宗教の持ついくつかの性格を備えたことになる[33]」。

人間の神格化は「人類教」ともいうべき新たな「信仰」を生み出した。この信仰には進歩とそれに伴う生産力の拡大に対する崇拝が伴う。カミュは、マルクスの思想とブルジョア思想にはこのような

第4章 ニヒリズムとの闘い

崇拝が見られるという点において同質性があると主張する。

　マルクスの科学的メシアニズムの起源はブルジョア的である。進歩、科学の未来・技術と生産の崇拝、これらは19世紀に教義として成立したブルジョア的神話である(34)。

　人類の発展の中で工業生産についてのマルクスの偏狭な思想は、ブルジョア経済学者に負うものであり、彼の労働価値説の要点はブルジョア的で産業革命の経済学者リカードの中から得たものであることを上記の考察に付け加えるなら、我々が彼のブルジョア的予言について語ることが認められるだろう(35)。

「生産を生産それ自体のために欲し」、「しかも人間のことを気にかけずに欲し」たとして責められたリカードをマルクスは「まさに彼の功績である」といって弁護した。マルクスはブルジョア経済学者同様に生産力至上主義にとりつかれている。それは現に生きている人間を犠牲にしても進歩をめざす残酷な思想である。「進歩は神酒を飲むなら、殺した敵の頭蓋骨に入れて飲もうとするあの恐るべき異教徒の神に似ている」(36)(37)。

　カミュは、労働問題にも言及する。マルクスは、労働者が資本主義社会で直面する疎外からの解放を目指したが、実際にはマルクスが構想した生産力の持続的な拡大を目指す社会においては、それが実現しているとは言いがたい状況があることを指摘する。

　ブルジョアとマルキストによってそれ自身が財産であると考えられた生産力が、過度な割合で発展した時以来、マルクスが避けられると考えていた労働の細分化が避けられないものと

なった。各労働者は特殊な仕事を行うように導かれる。しかし彼らは彼らの制作品が組み込まれる全体の計画については知ることがない。各人の仕事を調整する人々は、彼らの職務そのものによって一階層を形成するが、この階層の社会的重要性は決定的である。[38]

カミュは、労働問題を考察する際に、実際に工場労働を体験したシモーヌ・ヴェイユの言葉に注目する。彼女は、労働者に加えられる弾圧として、人類が認めた軍事力と金力とによる二つの伝統的な弾圧の形式に加えて、第三の形式、職能による弾圧を挙げているという。さらにカミュは、ヴェイユの言葉をもとに工業化を急ぐ社会の労働問題について次のように述べている。

　シモーヌ・ヴェイユが労働条件は二重に非人間的である、第一に金銭、第二に尊厳性をはく奪されているというのは正しい。人が関心を抱くことができる仕事、創造的な仕事はたとえ報酬が少なくても生活を堕落させない。工業的社会主義は労働条件改善のために重要なことは何もしなかった。なぜならそれは、それ自体が逆に高揚した労働組織や生産の原則そのものに触れなかったからである。それは過労で死んだ者に天国の歓びを約束するようなものと同じ価値観の歴史的正当化を、労働者に提案することはできたが、絶対に創造的喜びを彼らに与えなかった。[39]

カミュは、それまでの労働運動は、「マルクスが予告した革命が終局的には成功するはずである」という主張に支えられてきたが、「この主張こそたえず事実に裏切られてきたものであり、今こそそれが虚偽であることを冷静に告発する時なのである」[40]と述べ、マル

第4章　ニヒリズムとの闘い

クスの革命理論が信頼できないものであることを強調する。

　マルクス以降の社会主義思想において、目的実現のために独裁と力による支配が容認されていることも大きな問題である。

　マルクスやエンゲルスは、一時的なものとしてではあるが、ブルジョワ国家が除去された後のプロレタリア独裁による国家の成立を認めた。その思想はレーニンにおいてさらに具体的に展開されている。彼は「生産手段の社会化が行われるやいなや、搾取階級は排除されるので、国家が死滅するという、明確で確固たる原理から出発する。しかし同じ文書の中で彼は生産手段の社会化の後にも革命分子の独裁が残りの民衆に対して予測できない期間中維持されることを正当とするという結論に至っている」(41)。すなわち彼は「権力は搾取階級の抵抗を押さえ、また、人民大衆、農民、プチブルジョアジー、セミプロレタリアを社会主義計画経済の中に導くために必要であると断言」している。「ここにおいて転回が起こったことは議論の余地がない。マルクスとエンゲルスが考えていたプロレタリア独裁による一時的国家は、永続性が与えられる危険のある新しい使命を負わされる」ことになる。そしてその国家は「巨大な偶像」として、世界を支配することを目指すことになり、「不正、犯罪、虚偽を受け入れ」、「もっと多くの生産を、もっと力の拡大をという叫び、たえざる労働、たえざる苦難、永続する戦争」をもたらし、「ニセの革命という欺瞞の公式がこれでできあがる。すなわち帝国を征服するために、すべての自由を殺さなければならない。そうしてはじめていつの日にか帝国は自由になるであろう、というのだ」(42)。

　いつの日にか実現するであろう「正義の帝国」のためには、独裁体制の成立が認められる。そこでは人民の自由は否定される。絶えず生産力を高め続けなければならない。戦争に勝利しなければならない。世界で初めて成立した社会主義国家の現実が、本来の理想と

された姿とはかけ離れたものであることをカミュは強調するのだ。

　第3章には「反抗と革命」という節があり、そこではそれまで説明されてきた反抗と革命の違いがまとめられている。

　「絶対的革命は、実際、人間性の絶対的順応性、その歴史的な力の状態への還元の可能性を仮定していた」が、「反抗は、人間が事物として扱われること、単なる歴史に還元されることの拒絶である」。そして反抗は「権力の世界ではとらえられない、万人に共通の人間性を肯定」し、「歴史に限界を設け」、「この限界から一つの価値の約束が生まれる[43]」。

　また、「歴史のために生き、恐怖政治の中で生きるしかない」革命においては限界が越えられるが、反抗は限界の存在を肯定する。反抗は「ウイ（諾）とノン（否）を叫ぶ。それは存在の一部分を、それが昂揚する他の部分の名において拒絶する[44]」。

　そして「反抗の要求は、統一であり、歴史的革命の要求は全体性である。前者はウイに基づいたノンから出発し、後者は絶対的否定から出発し、あらゆる従属を余儀なくされ、時間の極限に投げ出されたウイを作り上げる。一方は創造的であり、他方は虚無的である[45]」。

　歴史に限界を設けること、あらゆる存在の全的肯定も全面否定も認めず、肯定と否定をつりあわせること、そして創造的であること、こうしたことが反抗の本質であるというのだ。

　第4章では、反抗と芸術が論じられている。そこでは芸術に関する次のような記述がある。

　　美を創造するには、現実を拒絶すると同時に現実のある様相を昂揚しなければならない。芸術は現実を否定するが、そこか

第 4 章　ニヒリズムとの闘い

　　ら逃れることはできない。ニーチェは、超越はこの世界と人生を中傷すると言って、精神的宗教的な一切の超越を拒絶することができた。だが美が約束し、この死すべき限定された世界を何よりも愛好させる生きた超越（une transcendance vivante）がおそらく存在する。芸術は永遠の生成の中で消える価値に形態を与えようとする点において、我々を反抗の原点に引き戻す。しかも芸術家はその価値を予感し、それを歴史から奪い取ろうとする。(46)

　ヘーゲルをはじめとする近代哲学においては、超越が破壊されてゆく。「19 〜 20 世紀の最も根本的な傾向は、超越なしで生きようとした世紀であるということである」(47)。しかし、従来の超越であった神や神の意志に対する信仰に代わって理性や歴史、および歴史と深い関係がある進歩の概念などの理念的なものが新たな超越として登場する。こうした新たな超越はしばしば神格化・絶対化されて、生命以上の価値を持つものとされる。そしてその名において暴力・殺人・自然の破壊などが正当化されることも少なくない。しかしこのような有無を言わせぬ力として人々に迫り、その生命すら脅かす絶対化・神格化された超越とは異なる「生きた超越」がたしかに存在する。その一つが芸術なのだ。芸術という超越は、それが超越である限り、やはり現実をそのまま受け入れるのではなく、それを乗り越えようとする動きをともなうが、現実から逃れることはできない。この超越は生命を破壊するものではなく、生命を生かし、より豊かにするものなのだ。
　またカミュは、「反抗とは世界の建設」であり、それは同時に芸術の定義となること、事実反抗の要求は、一部分においては美的要求であること、「芸術における最大の様式は、最高の反抗の表現」

であることを述べて芸術と反抗が深くかかわっていることを明らかにする。さらに「少なくとも、人間が歴史だけに帰してしまう存在ではなく、人間は自然の秩序の中にも存在理由を見出すことを教えてくれる[48]」という芸術の役割も示している。

　第5章「正午の思想」ではあらためて反抗と殺人が取り上げられる。ここでは殺人が虚無的殺人と歴史的殺人とに分けて論じられている。両者はともに反抗的行動によって明らかにされた価値を裏切る行為であるが、虚無的殺人は非合理的殺人にあたる。この犯罪は「すべてを否定し、殺人を自らに許す者」によって犯される。こうした犯罪を犯す者、すなわちニヒリストは、一切の限界を退け、「すでに死すべき運命にある者を殺したところでかまいはしない、と判断するに至る」。これについてカミュは、「最も極端な自由、つまり殺人の自由は、反抗の諸理由と相容れ」ず、反抗は全的自由を裁判にかける」という。反抗者は「自分自身に対してある自由を要求する」が、「他人の自由とその存在を破壊する権利は要求しない」のである。「反抗の帰結は、殺人の合法化を拒絶することであるが、それは反抗が原則的に死に対する抗議であるからだ[49][50]」。

　歴史的反抗は合理的犯罪である。それは歴史を絶対視することによって引き起こされる。すなわち絶対視された目的を未来において実現するために、暴力を含めたあらゆる手段が正当化されるというのである。「絶対視された歴史では暴力は正当化される」のである。ここで語られる「暴力」とは主に革命による暴力を意味している。歴史を絶対視することによって実行される「革命的と自称する精神に特有の瞞着は、今日、ブルジョアの瞞着を採用し、それをさらに悪化させている。またその瞞着は絶対的正義の約束のもとに、永久的不正、きりのない妥協、低劣さなどを受け容れさせている」。

　一方、「反抗者の反抗は神格化させる歴史に異議を唱える」。そし

第4章 ニヒリズムとの闘い

て「反抗は相対的正義しか目指さず、相対的正義とつりあった確実な威厳しか約束することができない」。[51][52]

目的が絶対的で、実現確実と思われる場合は「人々は他者を犠牲にすることもありうる」が、「目的が絶対的でない場合は、人々は共通の威厳のための闘争を賭けて、自分だけしか犠牲にできない」。目的が手段を正当化するかもしれないが、誰が目的を正当化するのか、という「問いに対して歴史的思考はまだ答えを出していない。しかし反抗には答えがある。それは手段である」。[53]

カミュは「あるものには意味があるが、我々はこの意味を無意味（le non-sens）からかちとらなければならない」[54]と述べる。『シーシュポスの神話』においては、「人生は意味がなければないほどそれだけいっそう良く生きられるように思われる」とされた。その後彼は人生における意味の重要性を認識するに至る。しかしその意味は人間社会を超えたところには根拠を持たない（人間社会においてのみ通用する）相対的なものであると彼は考えるのだ。それは、特定の意図をもってこの世界に介入する神への信仰を拒否し、善悪、正邪などの区別や差別のない「人間たちのいない自然」に「意味」を見出したカミュが必然的に至り着いた結論である。

カミュが説く「正午の思想」とは、「限界の思想（la pensée des limites）」である。それは絶対的な原理を否定し、相対的な意味や価値しか認めない思想である。反抗とはこうした「正午の思想」に基づいた抵抗の行動である。またそれは節度（la mesure）でもある。彼は「人間には、自分の分を理解した中位の程度で可能な行動と思想がある」という。[55][56]

また反抗者は「神格化を拒絶し、万人に共通の闘争と運命を分かち合」い、「大胆でつましい思想、明白な行動、賢者の寛大さを選ぶだろう」とカミュは述べる。

20世紀は、神信仰に異議を唱える者も多くなった。しかし神に代わって歴史や正義などの原理が神格化・絶対化される傾向が強くなった。一方、それ以外の存在の価値が軽視され、神格化・絶対化された原理の名の下に限度を超えた過激な行動がしばしば正当化され、その名において多くの生命が破壊されるようになった。ニヒリズムが広がったのである。『反抗的人間』はそうした状況に警鐘を鳴らし、生命と自然を尊重しつつ、一定の限度内で行われる抗議のための行動である反抗の役割と意義を明らかにしたエッセーである。

　カミュが『反抗的人間』で指摘したニヒリズムの拡散という傾向は今日ではさらに強まっている。極端に偏った思想に染まった過激派などが世界各地でテロを繰り返している。彼らはしばしば特定の神の名を語るが、その思想は本来の宗教の教えを大きく逸脱した狂信（特定の原理の絶対化）に基づいている。それはニヒリズムそのものである。この作品は、こうした状況に生きる現代人が、あるべき社会の姿を模索するにあたって多くの示唆を与える有益な書であると言えるのではないだろうか。

【註】
(1) Albert Camus, ŒUVRES COMPLÈTES Ⅲ, *L'Homme révolté*, p.66.
(2) *ibid.*, p.71.
(3) *ibid.*, p.79.
(4) *ibid.*, p.88.
(5) *ibid.*, p.88.
(6) *ibid.*, p.90.
(7) *ibid.*, p.109.
(8) *ibid.*, p.119.
(9) *ibid.*, p.119.
(10) *ibid.*, p.129.
(11) *ibid.*, p.147.

第 4 章　ニヒリズムとの闘い

(12)　*ibid.*, p.155.
(13)　カミュは、『社会契約論』には「絶対」(absolu)「神聖」(sacré)「犯すべからず」(inviolable) といった言葉がたびたび登場することを指摘している。
(14)　ŒUVRES COMPLÈTES Ⅲ , *L'Homme révolté*, p.160.
(15)　*ibid.*, p.174.
(16)　*ibid.*, p.177.
(17)　*ibid.*, pp.186-187.
(18)　*ibid.*, p.187.
(19)　カミュはヘーゲルの思想がもたらす影響について次のようにも述べている。「シニシズム（冷笑的な態度）、歴史と物質の神格化、個人の恐怖政治、あるいは国家の罪、これらの並はずれて大きな結果がそれから生じるだろう。そしてこれらの結果はすべて、ただ歴史にのみ、価値観と真理とをつくりだす配慮をゆだねるというあいまいな世界観によって武装されているのだ。もしも世の終わりに真理が明瞭になるまでは何一つとして確実に理解されないものだとすれば、一切の行為は独断的となり、最後には力が支配することになるだろう」。
　　　（*L'Homme révolté*, p.186.）
(20)　*L'Homme révolté*, p.209.
(21)　今日世界各地で発生している自爆テロの犯人たちは、カリャーエフ同様、自身の死を受け容れている。しかし彼らは不特定多数の人々を巻き添えにしている故に、ニヒリズムに打ち勝っているとは言えない。
(22)　*L'Homme révolté*, p.213.
(23)　*ibid.*, p.219.
(24)　*ibid.*, p.221.
(25)　*ibid.*, p.222.
(26)　*ibid.*, p.222.
(27)　*ibid.*, pp.222-223.
(28)　*ibid.*, p.223.
(29)　*ibid.*, p.223.
(30)　アルビジョア派は、12 世紀後半、南フランスのアルビ一帯で影響力を強めたカタリ派（中世においてカトリックの異端とされた宗派）の南フランス分派。カタリ派については、「第 2 部 第 3 章キリスト教

と偶像崇拝」の註（19）参照。
(31) 聖フランチェスコ（Francesco d'Assisi　本名 Giovanni Francesco Bernardone 1181～1226）はイタリアのアッシジに生まれ、清貧に生き、自然を深く愛したカトリック修道士。
(32) ŒUVRES COMPLÈTES Ⅲ, *L'Homme révolté*, pp.223-224.
(33) *ibid.*, p.225.
(34) *ibid.*, p.226.
(35) *ibid.*, p.229.
(36) *ibid.*, p.236.
(37) カミュは進歩の思想を厳しく批判している。しかし彼は過去を崇拝、賛美する保守主義に与したわけではない。彼の言う「進歩の思想」とは、生産力の無限の拡大が理想的な社会を実現するために不可欠の条件の一つであると考える思想であるが、将来においても生産力を無限に拡大し続けようとすることは、人間を苦しめ自然破壊を促進することになる。したがってそのような調和を欠いた「進歩の思想」は未来を先取りした先進的な優れた思想ではなく、むしろ時代遅れの保守的な考え方であるというのだ。彼は「逆説的な表現であるが、進歩は保守主義を正当化しうる」とも述べている。さらに彼は、その「保守主義者」と対立するマルクスの思想にも、保守主義者において見られるものと同質の進歩の思想があると指摘してそれをも批判の対象にするのだ。
(38) *L'Homme révolté*, p.245.
(39) *ibid.*, p.247.
(40) *ibid.*, p.254.
(41) *ibid.*, pp.258-259.
(42) *ibid.*, p.261.
(43) *ibid.*, p.276.
(44) *ibid.*, p.276.
(45) *ibid.*, p.277.
(46) *ibid.*, pp.282-283.
(47) *ibid.*, p.183.
(48) *ibid.*, p.299.

第4章　ニヒリズムとの闘い

(49) *ibid.*, p.305.
(50) 殺人の合法化を拒絶するカミュは、さまざまな作品において死刑の問題について言及しているが、『反抗的人間』においては、「革命がただちに死刑の廃止を保障しないならば、その革命のために命をなげうつには及ばない」(*L'Homme révolté*, p.312) と述べている。
(51) *L'Homme révolté*, p.310.
(52) カミュは、反抗者は歴史を否定せず、あくまで歴史の絶対化・神格化を否定すると考えた。彼は次のように述べている。
　「確かに反抗者は彼を取り囲む歴史を否定しない。彼は歴史の中で自己を肯定しようとする。だが芸術家が現実に対するように、彼は歴史に対するので、歴史から逃げ出すことではなく、歴史を押しやるのだ。一瞬たりとも歴史を絶対化しない」(*L'Homme révolté*, p.309.)。
(53) *L'Homme révolté*, p.312.
(54) *ibid.*, p.315.
(55) *ibid.*, p.320.
(56) カミュにとって「正午の思想」は、地中海の自然と深く結びついている。彼は次のように述べている。「歴史的絶対主義は、勝利したにも拘わらず、たえず人間性の抑えがたい要求と衝突することになった。そして知性がきびしい日光と強く姉妹関係にある地中海こそ、その人間性の秘密を保持している」(ŒUVRES COMPLÈTES Ⅲ, *L'Homme révolté*, p.318.)。カミュにとって陽光にあふれる地中海とは、均衡と節度が尊重され、人間と自然との共存が成立している場所なのである。そこで育まれた精神こそ、限界を守り、過激を退ける正午の思想を形成するというのだ。なお、フランス語では、「正午」を「midi」と表現するが、地中海に面した南フランスも「Le Midi」とよばれている。

3　革命と反抗をめぐる論争

　この『反抗的人間』は各方面に様々な議論を巻き起こしたが、中でも注目を集めたのは、いわゆる「カミュ＝サルトル論争」である。この論争は、哲学者フランシス・ジャンソンが、サルトルが主宰していた雑誌『現代』の 1952 年 5 月号に「アルベール・カミュ　あるいは反抗心」という論文を発表したことに始まっている。この論文に対してカミュが、同誌の 8 月号に「編集長への手紙」を掲載し、同じ号にサルトルが「アルベール・カミュに答える」を掲載した。さらにジャンソンが再度「遠慮無く言えば…」を発表している。
　ジャンソンはまず『反抗的人間』以前に発表されたカミュの作品の批評を行う。彼は『異邦人』は、「世界がある具体的な主観によって考察され、その主観は他の具体的な主観にまじって世界に存在することによってはじめて、自己が『異邦人的』であることを発見する」が、「『ペスト』の話は、状況の外にいる主観によって諸事件が高所から見られ、その主観自身は事件を体験せずに、眺めているだけである」という（ジャンソンはそこにカミュ自身の姿を見たとも言える）。そしてジャンソンはそのような作品を著したカミュの矛盾を次のように指摘している。

　　地上の人間どもの騒動を高所から眺める者にとっては、それがはかないと見える怖れがある。だが彼らの生活の実体を知ろうと思えば、自分の生活の網を伝って、ふたたび人間どもの中に降りて下界に暮らさなければならない。そこでは、各自がその生活に意味をあたえているので、自分の生活を捨てて、人生の意味するところはすべて幻にすぎないなどと断定することは

第4章　ニヒリズムとの闘い

できない。——ただ自殺すれば、もう何も決定しないということを決めることになる。(1)

　次にジャンソンは『反抗的人間』に言及する。
　ジャンソンによれば、『反抗的人間』の中で、「悪を歴史の中に、善を歴史の外におき、その結果、できるだけ反歴史的な選択を促すような善悪二元論」がしばしば表明されている。彼は「われわれは歴史を絶えずつくるが、歴史もまたわれわれをつく」り、「われわれが歴史によって、しばしば『つくり直される』危険は重大である」と述べる一方で、カミュの、歴史によってつくり直されることのないように提案する」という消極的な原理は、「実際的行動には何の規準も提供しない」という。「なぜならそれは何も行動しないことだからである」。むしろ彼はカミュのように、「革命的形式の『過激』しかとらえぬ反抗者は、否応なしに、逆コースの、別の狂乱の共犯者となるのではなかろうか」と予想する。そして「こうした狂乱を取り除くことにこそ革命的な企ての目的があり、その真意がある」(2)という。
　カミュは、このジャンソンの論文に対し、『現代』の編集長であったサルトル宛ての手紙の形で反論を行った。その手紙の中で、カミュは、「『ペスト』の著者はだれでも、真剣に読んでいない人でも最後まで読み通しさえすれば、語り手がこの作品の主人公の医師リューであり、彼が語っていることを知るために、むしろ犠牲を払ったことを知るはずである」(3)と述べている。またカミュは、『ペスト』の特徴と方向性について次のように語る。

　　あなたの雑誌の執筆者は彼の主題の正当性をほとんど信じていないので、『ペスト』の登場人物たちに、軽蔑的に赤十字の

モラルと呼ぶものを与えながら、これらの不幸な人々がただ傍観するだけで、どのようにして赤十字のモラルを実行に移すことができるのか、説明することを忘れている。確かにこの尊敬すべき組織の理想には、華々しさが欠けている（つまりそれは暖かい編集室にならあるものなのだが）と思われるが、一方でこの理想がある種の価値に基づいていることを、他方では、それが単なる傍観ではなくて、ある型の行動を選んでいることを認めないわけにはいくまい。しかしこの驚くべき知的混乱についてくどくど言ってもはじまらない。結局、『異邦人』から『ペスト』への進化があるとすれば、それは連帯と参加の方向にあるということに、あなたの雑誌の関係者を除いて誰も異議を唱えようとは思わないだろう(4)。

　次にカミュの反論は『反抗的人間』についてのジャンソンの解釈に向けられる。カミュは「『反抗的人間』全体がそれを否定しているにもかかわらず」ジャンソンによって「すべての悪は歴史の中にあり、すべての善は歴史の外にある」という立場に要約されていることを問題とする。彼は『反抗的人間』を書いた目的は、「純粋な反歴史主義は、少なくとも今日の世界で、純粋な歴史主義と同じように困った問題であると証明すること」にあり、改めて記述し、断言すべき真実は、「歴史を否定している」ことではなく、ただ「歴史を絶対視しようとする態度を批判する」ことにあること、そして「そのために拒否されるのは歴史ではなくて、歴史に対する精神の一つの観点であり、また現実を否定するのではなく、たとえばあなたの雑誌の批評家とその主題を否定するのだ」(5)という。
　さらにカミュは、おおざっぱに要約すれば、ジャンソンの論文は、「マルキシズムを公然たる政策として認めていないにしても、暗黙

第4章　ニヒリズムとの闘い

の教義として擁護しているかのように論理が展開して」おり、彼の論文が「何かに貢献するとすれば、それはマルキシズムの歴史哲学を強化するだけであろう」[6]と述べる。そしてカミュは、「彼（ジャンソン）が正しいと認めなかったのは、私ではなくて、私たちの生きる理由であり、闘う理由であり、矛盾を乗り越えようとする私たちの正当な希望だった」[7]から黙っていられなかったという。

　このカミュの手紙に対してはサルトルが答えた。まずサルトルは、カミュがジャンソンの論文への反論をジャンソン宛てではなく、編集長のサルトルに宛てて出したということを問題にして、それはジャンソンが「人間界の外におかれたこと」を意味するとして厳しく批判する。

　カミュがソ連に収容所が存在することを強く批判したことについては、「僕も君のように、あの収容所を、許しがたく思っている。だが《いわゆるブルジョア新聞》が、これを毎日利用しているやり方も、同じように許しがたい」[8]と述べている。

　さらにサルトルは資本主義陣営と社会主義陣営を同じように責めるカミュの姿勢を次のような言葉で批判する。

　　　君はヨーロッパのプロレタリアが、ソ連を公然と非難しなかったといって責める。また一方ヨーロッパの政府が、スペインをユネスコに加盟させたからといって責める。そうなれば、君にとって解決の途は、ガラパゴス島に行くことだけである[9]。

　サルトルは、カミュがスペインのフランコによる圧政やフランス政府の植民地政策を何度も告発し、できる範囲で闘ってきたことを認める。そして彼が「ソ連の収容所について語る相対的権利を持っている」という。しかしサルトルは、カミュが「収容所のことを、

公開討論会の弁論のように使用」し、自分のことをほめなかった批評家を痛めつけようとしていると考えた。それはサルトルにとって許しがたいことなのである。

またサルトルはカミュが人間の存在条件そのものから生じる問題（形而上的問題）と、人間社会で発生し、人間に責任のある問題とを混同していると指摘する。

人間の存在条件から生じる最大の問題とは、人間に死が与えられているということである。カミュはそのことについて神を責めているが、それは本来歴史を超越した問題である。一方、人間社会で発生する問題は人間自身が原因で引き起こされる災厄である。たとえばナチスによる虐殺や戦争がそれである。また貧民地区では、富裕な地区よりはるかに子供の死亡率が高いという事実などもその中に含まれる。こうした災厄と闘うには歴史の中に入る必要がある。すなわち、それらの問題を解決するためには人間自身が政治的社会的なはたらきかけをしなければならないのである。カミュはこれらの本来異なった次元の問題を混同し、その結果『ペスト』において、「ドイツ人の役割を細菌に演じさせることができた」(10)として、彼を批判する。

そしてサルトルは、そのような混同をしてしまったカミュは、「パスカルを除いて、デカルト以来、すべて『歴史』に反対する古典的大伝統の中に」おり、また「マルクスが言っているように、「〈歴史〉をつくる」ことなどは考えず、歴史がつくられるのをさまたげようと思ったのだ」(11)と述べる。

さらにサルトルは、「『歴史』には意味があるか」、「『歴史』には目的があるか」とカミュは問うが、こうした問いは無意味であるという。「なぜなら、『歴史』は、それをつくる人間の外にあっては抽象的な、不動の概念にすぎず、それに目的があるとか、ないとか言

うことができない」からである。「問題はその目的を知ることにあるのではなくて、それを与えること」すなわち、「全身その中にはいっているからには、歴史に意味を要求する具体的な行動にたいして、われわれはどんなに微弱であろうと、協力を惜しまずに、歴史に最良と思える意味をあたえることが重要」[12]であるというのだ。

　サルトルとて、ソ連の全体主義的・抑圧的な体制を無視したわけではない。しかし彼はマルクス主義には大きな信頼を寄せていた。そして何よりも闘うべき最大の敵はマルクスが批判した資本主義国家（ブルジョア国家）体制であり、こうした敵を打倒して新しい歴史をつくるための積極的な行動を惜しむべきではない、と考えていた。

　サルトルはカミュの思想の中に、形而上的問題と人間社会の問題の混同を見出した。そして彼が暴力革命を否定し、節度と限界を重視していることを厳しく批判した。なぜならそのような態度は、労働者や植民地の人民などに対してブルジョア（資本主義）国家が行っていた過酷な弾圧に免罪符を与え、それへの批判の矛先をそらせると考えられるからである。それは人民解放へと進むべき歴史の動きを止めることに貢献するというのである[13]。

　カミュを批判するサルトルの論理は一貫しており、説得力もある。この論争の後に発生したアルジェリア問題においてカミュがあいまいな態度を取ったこともあって、彼に対する批判が強まった[14]。カミュはきわめて厳しい状況に追い詰められていた[15]。しかしその後の時代の変化を見ると、——すでに多くの人々が指摘していることであるが——カミュに先見の明があったということを認めざるを得ない。第二次世界大戦後、社会主義国は増加したが、それぞれの国の内部においては、反体制派などに対する非人道的な弾圧が繰り返された。また「同盟国」に自由化の動きが起きた時には集団でそれを力によって粉砕してしまった。社会主義諸国は経済的にも破綻をき

たし、その中核にあったソ連は1991年に崩壊してしまった。

「カミュ＝サルトル論争」の主な論点にはならなかったが、カミュが、「生産力信仰」を早い段階で大胆に批判した点にも注目したい。マルクスは、未来・技術と生産の崇拝というブルジョア的神話を受け継いだが、それは「現に生きている人間のことを犠牲にしても進歩をめざす残酷な思想」であるということをカミュは見抜いていた。

近代社会で生まれた「生産力信仰」に基づいた人類の活動は世界各地に激しい環境破壊をもたらすとともに、資源の枯渇も進めている。すでに1972年には、ローマクラブが『成長の限界』を発表し、人口と資本の「現在のパターンに従って成長を続けようという試みは、究極的には、悲惨な破局を招くことになるという立証」を行っている。最近では、経済成長ではなく「脱成長」（décroissance）によって社会発展をめざすセルジュ・ラトゥーシュ（Serge Latouche）らの思想が注目を集めている。これまでのような方法での生産力拡大と経済の成長を続けることで理想的な社会を築くことができるとする考え方（大半の資本主義者と社会主義者がともに抱いた考え方）は今日では大きな誤りであることが分かってきた。この点においてもカミュの指摘が正しかったということを認めざるを得ない。

【註】
(1) 『革命か反抗か ―カミュ＝サルトル論争―』佐藤朔訳、講談社、1969年、13ページ。
(2) 同書、39ページ。
(3) Albert Camus, ŒUVRES COMPLÈTES Ⅲ, Gallimard, 2011. *Actuelles Ⅱ*, *Lettre sur la révolte*, p.415.
(4) *ibid.*, p.416.

(5) *ibid.*,p.419.

(6) *ibid.*,p.423.

(7) *ibid.*,p.430.

(8) 『革命か反抗か ―カミュ＝サルトル論争―』97 ページ。

(9) 同書、100-101 ページ。

(10) 同書、113 ページ。

(11) 同書、111 ページ

(12) 同書、122 ページ。

(13) サルトルが、『A・カミュに答える』を発表後、さらにジャンソンは、『遠慮無く言えば…』という題で論文を発表している。その中でジャンソンは改めてカミュの態度を、「無行動の選択」あるいは「あらゆる実際的仕事から遠ざかることを名誉と」するという表現で批判している。

(14) 1954 年 11 月、アルジェリアの民族解放戦線は独立を求めて武装蜂起したが、これを阻止しようとしたフランス軍との間で戦争になった。この戦争に際してカミュは、フランスがアルジェリアのアラブ人との約束を果たさず、選挙をごまかしたりしたことを指摘し、そのことによってフランスはアルジェリアの信頼を失ったことを強調する一方で、「われわれはまた、進歩を、ある不正を別の不正による償却として定義する人々とともに、何世代も前から住みついて情熱的に自分たちの国に結びついている 150 万人のフランス人を根こぎにすることによって、われわれの問題の賢明な解決がもたらされると考えることにも甘受しない」と述べた（ŒUVRES COMPLÈTES Ⅲ, *Terrorisme et répression*, pp.1022-1023.）。彼が求めたことは、アルジェリアがフランスから切り離されることではなく、フランス人とアラブ人の双方が妥協し、両者の協同体を構築するということであった。彼はフランスがアルジェリアに対して行ったことは赦し難いと考えたが、アルジェリアに生まれ育ったフランス人として、独立を求めた無差別テロが行われたり、アルジェリアがフランスから国家として切り離されることは容認できなかったのだ。

(15) 日本でも左翼系の知識人などから、暴力革命を否定するカミュに対する批判的な発言が多く見られた。たとえば寺島恒信氏は次のように述べている。

「『異邦人』、『ペスト』の読者は、はたして中庸の徳を説く地中海の哲人カミュを見ておどろかないだろうか。カミュに裏切られたように感じるのは、わたくしひとりだろうか。わたくしはカミュにききたい、あなたはレジスタンスのとき中庸の徳をもってナチスとたたかったのか、と。――『ペスト』にはまだ、レジスタンスの体験が生きていた。だが同時にそこには、新しい懐疑（タルーの告白）が含まれていた。何らかの観念、理想、目的の王国のための殺人はゆるされるか、と。『反抗的人間』にいたってカミュはレジスタンスの体験を全く忘れ去り、この懐疑を発展させて、革命を否定する革命的組合主義へと到達する。かくして温和なる改良家カミュをわれわれは見る。同時にわたくしは、カミュについてのあらゆる興味が急速に失われてゆくのを感じる。少なくともわたくしにとってはカミュは過去の人となった」（寺島恒信著『サルトルとカミュ－自由と革命』清水弘文堂、1976 年、161 ページ）。

ファシズムとともに社会主義国の体制と革命理論をも厳しく批判するカミュは、「あれも悪い」「これも悪い」と言って、抑圧された者を解放するための闘いを放棄する人間と見なされることも少なくなかった。誤解もあったのではないか。寺島氏が特に大きな問題とした「中庸」は la mesure の訳語であるが、これはここでは「節度」と訳されるべき語である（カミュは何らかの原理の名における殺人を正当化する考え方を容認せず、一定の限界をともなった、節度ある行動〔反抗〕を説いた）。それが、大手出版社が刊行したカミュ全集の日本語訳において「中庸」と訳されてしまったために、カミュが社会問題への取り組みにおいて、より消極的な人間であるという印象を多くの日本人の読者に与えてしまったとも言える。

(16) D・H・メドウズ、D・L・メドウズ、J・ラーンダズ、W・W・ベアランズ三世著、大来佐武郎監訳、『成長の限界』ダイヤモンド社、1985 年 , 163 ページ。

第5章　罪と裁き

1　『転落』

　『転落』は1956年に発表された。この作品の特徴は人間の罪の問題を鋭く追求しているところにある。その内容についての考察に入る前に、カミュのそれ以前の作品における罪についての記述をまとめてみたい。

　初期のカミュの作品においては、罪の問題は重視されていない。たとえば『異邦人』のムルソーは、「神の裁きが一切だ」と語る神父に対して、「罪というものは何だか私にはわからない」と答えている。『シーシュポスの神話』では、「不条理の人間には、罪の概念がのみこめない」という言葉や、「自分の無罪しか感じない」という言葉がある。『ペスト』においても、人間については、罪よりもむしろ無垢を強調する場面が目立っている。この作品の語り手であるリュー（カミュの分身の一人と考えられる）は、いたいけな子どもの死を前にして、ペストが本来の信仰を見失っている人々に神が下した罰であるとする神父の考え方に激しく反発している。ただこの作品では、カミュのもう一人の分身とも言うべきタルーが「誰でもめいめい自分の内にペストを持っている」と述べ、外からやってくる災厄だけではなく、人々の内にある悪もまた人間を苦しめている原因であることも述べている。そしてこの『ペスト』以降、人間の罪や悪の問題を問う作品が多くなる。

　『正義の人々』では、主人公カリャーエフが、独裁者を倒そうとする彼自身の内にも悪を見出し苦悩する場面がある。

『反抗的人間』でも、人間の罪や悪が追求されている。そこでは、「絶対視された歴史」が、暴力の正当化につながるという理由で批判されているが、歴史を始めたのは人間ではないから「人間が全面的に悪いのではない」とされている。しかし一方で「人間が歴史を継続しているのだから、人間がまったく無罪だというわけでもない」という。そして「この限界を超えて、その全面的無罪を断定する者は、決定的有罪の狂気に陥る」[1]という。

カミュは、第二次世界大戦後、人間の罪や悪の問題を作品中で追求することが多くなっていることがわかる。その中でも1956年に発表された『転落』は、人間の罪、それも誰もが避けられないような、生まれながらに背負っているような罪の問題に正面から向き合った作品である。これは、〈改悛した判事〉ジャン・バティスト・クラマンスの独白によって成り立っている。

舞台はアムステルダムの「メキシコ・シティー」という名のバーである。そこの客の一人であるクラマンスはもう一人のフランス人の客に向かって話しかける。それによると彼は以前パリで弁護士をしていたが、今はアムステルダムで「改悛した判事」をしているという。彼はもう一人の客が帰る時に港まで付き添うと申し出る。しかし橋のたもとまで来ると「夜は決して橋を渡らないことにしている」と言ってそこで別れようとする。そして、誰かが身投げをした場合、追って飛び込んで自殺人を救い出すことと見殺しにすることの二つの道があるという不可解な言葉を述べる。

翌日クラマンスは「改悛した判事」について話し始める。それによると彼は数年前までパリでかなり有名な弁護士であった。彼の専門は「気高い訴訟事件」で、それは寡婦と孤児を救うことである。社会的弱者を救うために熱心に活動し、毎夜「正義と寝ているのだ、と人々が本気で思ったほど」であった。法廷の外でも盲人の

第5章　罪と裁き

不安を一掃し、通行人に道を教え、重すぎる荷車に手を貸すなど様々な善行を重ね、また寛大な男（フランス語で「寛大」のことを「clémence〈クレマンス〉」という）としても通っていた。そしてまったく罰を受けず、裁きの場に立たされたこともなかったという。このような「輝かしい」人生を送っていたクラマンスであったが、その人生を変えてしまう出来事が「ある夜」に起こったことを告白する。

　ある秋の夜、彼はポン・デ・ザール（「pont」〈ポン〉とは「橋」のこと）に佇み、水面を眺めて煙草に火をつけようとしたとき背後で笑い声がした。びっくりして振り向いても誰もいない。家に帰って水を飲むため風呂場に行くと鏡の中の顔が笑っていた。しかしその微笑は二重になって見えた。そこまで言って彼はその話を打ち切り、明日また会おうと申し出る。

　その翌日クラマンスは笑い声のことを再び話題にする。笑い声を聞いた後、パリの川沿いの道は二度と歩かなくなったこと、身体の調子もおかしくなり「人生が以前のように楽ではなくなった」と語る。また彼自身が虚栄心の塊であったことがわかったこと、次第に物事がはっきり見えるようになったこと、今まで知っていたことも少しは理解できるようになったこと、そしてさまざまな記憶が少しずつ蘇ってきたことを告げる。その記憶を探っているうちに発見したことはたとえば次のような出来事である。

　自動車を運転していたとき、オートバイに乗った男とトラブルになった。そして横っ面を一発殴られた。その時彼は、「相手を殴りつけ、打ち負かしてやりたいという報復の念に燃えていた」。また、「まるで自分の本当の望みは最も聡明で寛大な人間になることではなく、最も簡単な手段でこれと思う相手を打倒して最も強い人間になることであるみたいであった」。

この体験の後、彼は次のようなことが分かったという。「つまり罪人や被告の味方になるとしても、それは彼らの過失が私には少しも損害にならないという場合だけである。自分がその被害者ではないからこそ、彼らの罪は私を雄弁にする。自分が脅かされると、私は判事どころか最もひどい人間、法律なんか無視して、軽犯罪者を打ち殺し、ひざまずかせたがる短気な暴君になる」ということである。そして「こうなってくると、自分には正義を守る天職があり、寡婦や孤児の定められた保護者であるなどと、真面目に思い続けることは難しくなる」というのだ。
　この他に彼は、ものにした女を「あらゆる手段で苦しめ」、「あらゆる面においてとても乱暴に扱った」ことなども思い出したと語る。
　その後別れ際に彼はある重大な出来事を物語る。それは背後に笑い声を聞いたと思った例の夜の２、３年前であった。セーヌにかかるポン・ロワイヤルを渡って家に帰る途中、橋の上で一人の若い娘が欄干にかがみ込んでいるのを見た。そして橋を渡って川沿いの道を曲がっておよそ50メートルばかり歩いた時、川に飛び込む音がした。彼ははっとして立ち止まったが振り返って見なかった。とたんに叫び声が何度も尾を引いて川を下ってゆき、やがてふっと消えた。彼は駆けつけようと思うのに足は動かず、やがて雨の中を立ち去った。この出来事がポン・デ・ザールで佇んでいる時に背後に笑い声を聞いた、という体験の背景にあるということは言うまでもない。
　次の日クラマンスはいつものフランス人をマルケン島に案内する。そこで彼は「自分の中には裁かれるものがあるのではないか、そう思った時から」それまでは恭しげに彼の言葉に耳を傾ける聴衆だった「人々にどうしようもないほどの裁判癖があるのに気づいた」。注意すると、彼は自分には「敵がいる」と気づくのである。そして

第 5 章 罪と裁き

次のような体験をしたと告白する。

> あらゆる方向から裁きや矢や嘲笑が我が身に襲いかかっているのに、私は長い間それに気づかずにこにこして何もかもうまく収まっているという錯覚の中で暮らしてきた。私がはっとして真相が分かってからは、今度は同時にありとあらゆる痛手を負わされて、私は一気に力を失ってしまった。すると全宇宙が私の周りで笑い始めた。⁽²⁾

こうして他人に裁かれていることに気づいたクラマンスは自己探求を重ね、その結果、「人間の深い二重性」を明らかにした。すなわちそれまで美徳とされてきたものには裏面があったということ、それによって自己の利益を得ようとする不純な気持ちが隠されていたことに気づいたというのである。

内面の「罪」に苦しむクラマンスはその後女たちのところへ逃げ込んだ。彼はいくつもの恋愛の契約をしたが、相手の女たちを不幸に陥れてしまった。それでも女と手を切らずにいた。しかし「永遠の情熱に我を忘れて罪から赦されるどころか、私の過ちの重みはいよいよ増して、錯乱も深まるばかり」であった。

恋愛に救いを見出すことができず、禁欲を守ることもできないクラマンスは放蕩に身をゆだねることにした。酒と女が彼の唯一の慰めになった。彼は一種の濃霧の中で暮らしていたが、「そこでは笑い声が次第に弱くなってゆき、ついにはもう聞こえなくなった」。彼の危機は去り、「後はただ年を取りさえすればよい」と思われるようになった。

彼はある日、女を誘って全快を祝うための旅に出た。しかし大西洋航路の船上にいた時、一つの黒点を認め、それが彼の心臓の鼓動

を速めた。彼はそれを投身自殺者だと思ったのだ。そして数年前セーヌ川の上で響いていた絶叫は「セーヌ川からドーヴァー海峡に運ばれ、大西洋の無限の拡がりを通って世界を移動し続け」自分を待っていたんだと考えた。また「そいつは海だろうが川だろうが、要するに私の洗礼の苦い水がある所ならどこにでもいて、私を待ち続けるに違いない」ということを悟った。そこで彼は「身を屈し、自己の罪を認め」、「不快な状況の中で」覚悟を決めた。

　さらに彼は罪を人類全体の問題として考えるようになった。「われわれは誰の無罪をも明言できないのに、万人が有罪であることは確実に断言できる」と述べる。それはキリストでさえ例外ではない。キリストは「自分が完全に無罪でないことを知っていた」と考える。

　　彼の親たちが彼を安全な場所に連れて行っている時にまさに
　　その時に虐殺されたユダヤの幼児たち、この幼児たちが死んだ
　　のは彼のせいでないとしたら一体その理由は何ですか。[3]

　キリストが生まれた時、ベツレヘムとその付近の地方にいる２歳以下の幼児達がヘロデ王の使いによって殺された。もちろんそのことにキリストが直接関わったわけではない。しかしキリストの生誕はその虐殺のきっかけとなった（幼児達が殺されたのは、「キリストが見つかったら知らせてくれ」と頼んだのに、それが果たされず、だまされたと思ったヘロデ王が立腹したためである）。そして他の幼児達が虐殺されていた時にキリストは難を避けてエジプトに逃れていた。

　クラマンスは、キリストは「罪なき者の虐殺の話を聞いていたに違いない」と考える。そして「彼（キリスト）のあらゆる言動にうかがえるあの哀しさ、あれは殺された我が子らを嘆き、慰めを一切

第5章 罪と裁き

拒否したラケルの声を夜中耳にした者のいやしがたい悲哀ではなかったでしょうか」と問いかける。

　次の日、クラマンスは微熱があり、部屋で伏せったままで相手を迎える。そこで彼はレジスタンス運動を行っていた時の話をする。それによると彼はトリポリに近い収容所に拘留されたが、そこで「法王」と呼ばれるようになり収容者たちの指導者になった。しかしある日彼は死にかけている男の水を飲んでしまった。しかも「今にも死のうとしている男より、自分の方が仲間には必要なんだ。自分は彼らのために身を守らなければならない、といった具合に自分に納得させながら」であった。

　クラマンスはまもなく出発する相手に「改悛した判事」とはどのような職であるのか、を話す。それによるとその職は「できるだけ数多く人前で告白をし、縦横に自分を糾弾する」ものである。彼は話をしなやかに操って相手の興味を引き「私のことと他人に関することを混ぜたり、誰にでもあることを取り上げたり、われわれ皆がともに苦しんだことのある経験、皆がわかちもっている弱点を取り上げたり」しながら、「万人の肖像であり、同時に何人のものでもない一つの肖像を偽造する」。そして「《やれやれ、これが私という男なのです》と嘆きながらいう」。そこで検事の論告は終わる。しかしさらに彼は相手方に与える効果を見失わないようにして語る。「《私は最低中の最低の人間なんだ》と。そして話の途中で気づかれないように、《私》から《われわれ》に移ってゆく。そして最後に《これがあるがままのわれわれだ》というところまできたらこちらのもの、私は彼らに、彼らの真の姿を暴露してやることができるわけだ」という。そうすれば「自分を糾弾すればするほど、私があなたを裁く権利は増大し、さらによいことにあなた自身を裁くよう

にそそのかすことになる」。それは彼の心を慰め、彼に安楽を与えるのだ。

このような話をしたクラマンスは、今度は相手が話をするように促す。そして相手が刑事で「潔白な裁判官」という絵画を盗んだかどで彼を逮捕してくれればありがたい、と語る。しかし相手はパリの弁護士だという。

クラマンスが語りかけていた相手は実は彼の分身であったことが明かされるのだ。そして彼はその分身の口を通して次のような言葉を言おうとする。《おお、娘よ、もう一度水に身を投げてくれ、そうすれば私は今度こそ私たち二人を救えるかもしれない！》しかし最後に「今では手遅れだ。これから先だって、ずっと手遅れですよ。幸いにも！」と語る。彼を苦しめてきた「罪」を贖おうとしてもそれは永遠に不可能であることが作品の終わりに示されるのだ。

カミュは著者の言葉の中で、『転落』の中で語る男について次のように述べている。

　　彼は現代的な心の持ち主だ。すなわち裁くことに耐えられない。そこで彼はすぐに自分で自分の裁きをする。だがそれはもっとよく他人を裁くためなのだ。彼が自分の姿を眺める鏡を、彼は最後には他人に差し向けるのだ。
　　〈中略〉
　　入念にしくまれたこの鏡の遊戯の中には、いずれにしてもたった一つの真実がある。それは苦悩であり、またその苦悩が約束するものなのだ。(6)

パリ解放後、カミュは『ペスト』等の成功により、作家としての名声を高める一方で、彼自身の行動や思想を問い直さざるを得ない

第5章 罪と裁き

厳しい状況に直面していた。

前述したように、彼は当初対独協力派の人々を処刑することに賛成し、それに反対するモーリアックと論争になったが、ほどなく彼は自分の非を認めることになった。また『反抗的人間』で論じられた革命と反抗の問題をめぐってサルトルらとの激しい論争を経験した。アルジェリア問題については、アルジェリア独立を阻止しようとしたフランス政府を一貫して厳しく批判し続けたサルトルと異なり、独立への支持を表明せず、フランスとアラブとの協同体を構築するという解決策を提示したため特に左派の陣営から厳しい批判を浴びた。

『転落』は、こうした状況の中で苦悩を深めたカミュの一種の自己批判の書であるという見方ができる。またこの作品は特定の誰かを断罪するのではなく、人間だれもが免れることができない根源的な悪や罪について語っている、ということもできる。このことについて、フランス文学者で評論家の井上正氏は「キリスト教でいう〈原罪〉が喚起されていることは言うまでもない[7]」と述べている。

聖書において最初に罪が取り上げられるのは、『旧約聖書』の〔創世記〕第3章である。人類の始祖アダムとエバが蛇にそそのかされて、神から触れることを禁じられていたエデンの園の木の実を食べてしまった。そのために二人はエデンの園を追放された。また二人がこのような罪を犯したため、その子孫は罪を犯さざるを得ない性向である原罪を負い、死を免れないようになったとされる。

『旧約聖書』では神の言いつけに背くこと（律法違反）がもっぱら罪としてとらえられているが、『新約聖書』の福音書を読むとキリストは実際の行動だけではなく、それ以前の心の在り方をも問題にしていることがわかる。彼は、「人の心の中から出てくる悪い思い、すなわち不品行、盗み、殺人、姦淫、貪欲、邪悪、欺き、妬

み、高慢、愚痴、これらのものが人を汚す」〔マルコによる福音書7-21〕と述べている。そして『新約聖書』全体にわたってすべての人々が罪人であることが繰り返し強調されている。

　クラマンスもキリストと同様に罪を内面化していると言えるのではないか。彼は虚栄心や復讐心など心の中に生じるよこしまな思いを厳しく追及しているが、これらは人間であるならだれもが持ちうるものである。彼は「万人が有罪であることを断言できる」と語る。確かにこの作品は「キリスト教でいう〈原罪〉」が喚起されていると考えられる。

　またクラマンスが、次のように述べて「人間」キリストに対する好意を表明しているという点にも注目したい。

　　　　彼は超人間的ではなかった。私を信じてくださって大丈夫です。彼は死の苦悶を叫んだ。それだからこそ私は彼が好きなのです。[8]

　さらにクラマンスは、罪の女に向かって優しく「私もあなたを罪に定めない」と語ったキリストの寛大な態度に共感を示す一方で、（他者を）「断罪し、誰も赦免しない」人々（この作品の舞台となっている土地の人々）の不寛容な態度を批判する。

　ただ、クラマンスはキリスト者でないことを明言する[9]。そして彼は、キリストの「罪」に言及している。

　クラマンスは、幼かったキリストが避難している間にベツレヘムでは他の幼児たちが虐殺されていたという事件において、キリストは完全に無罪ではなく、しかも彼自身そのことを知っていたと述べている。キリスト教では人類の原罪を語る一方、キリストは罪なき存在としている。しかし、クラマンスはキリストもまた無罪ではな

いと考えるのだ。もっともクラマンスはそれを理由にキリストを非難しているとは言えない。

　前述したように、彼は「彼（キリスト）のあらゆる言動にうかがえるあの哀しさ、あれは殺されたわが子を嘆き、慰めを一切嫌ったラケルの声を、夜中耳にした者の、癒しがたい悲哀ではなかったでしょうか？」と問いかけている。また、「昼も夜も自らが犯したわけではない罪と対決させられた後、その彼にはこれ以上頑張り続けることがあまりにも難しくなったんです」とも述べている。[10]

　キリストは幼児達が虐殺された事件に自分の「罪」を見出し、十字架の死に至るまでそれに苦しみ続けたのではないかとクラマンスは考えるのだ。そこにはむしろキリストを誠実な人間であったとする見方、すなわち彼はより鋭い良心を持っていたからこそ自ら意図したわけでも手を下したわけでもない事件に自己の「罪」を見出し、それに苦しみ続けたとする見解を見出すことができる。[11]

　登場人物の言葉がそのまま作者の思想を表現したものではないということは言うまでもないが、作者のカミュは、自身とクラマンスとの間に一定の共通点があることも述べている。

　カミュは『尼僧への鎮魂歌』[12]について聞かれたインタビューで、この『転落』に言及し、クラマンスと自身との関係について次のように語っている。

　　あの本の改悛した判事も自分はシシリア人でジャヴァ人だと明言しているでしょう。少しもキリスト教徒ではありません。
　　彼と同様に私もキリスト教徒の最初の人物（キリスト）に大きな親近感を持っています。彼の生き方を、彼の死に方を素晴らしいと思っています。しかし私には想像力が欠けているので、それ以上キリストについて行くことができません。余談ですが、

あのジャン・バティスト・クラマンスと私との共通点はそれだけです。⁽¹³⁾

『転落』は、聖書で取り上げられているような人間の根源的な罪の問題についてのカミュの深い思索とともに、キリストの生き方や寛容の精神には共感を覚える一方で、神を信じることができなかったカミュの複雑な思いが反映された作品であると言えよう。⁽¹⁴⁾

【註】
(1) *L'Homme révolté*, pp.315-316.
(2) Albert Camus, ŒUVRES COMPLÈTES Ⅲ, *La Chute*, p.733.
(3) *ibid.*, p.748.
(4) *ibid.*, p.749.
(5) *ibid.*, p.762.
(6) *ibid.*, pp.770-771.
(7) 井上正『人と思想167　アルベール＝カミュ』清水書院、2000年、177ページ。
(8) *La Chute*, p.749.
(9) クラマンスの名は「ジャン・バティスト（Baptiste）」で、（baptiste）は「洗礼者」を意味する。しかし彼は自分のことを「少しもクリスチャンではない」と述べる一方で、「もっともクリスチャンの代表者には友情を持っています」（*La Chute*, p.759.）と述べている。
(10) *La Chute*, p.749.
(11) この作品には罪からの救いについての言及がない、という点についてもキリスト教との相違点がある。キリスト教では、神の子イエス（キリスト）が十字架上で死んで復活することによって人類の罪を贖い、人類に救いをもたらしたとされる。クラマンスはイエスが十字架に登って人類の罪を「一挙に清算」しようとしていたというが、それはクラマンスの救いにはつながっていない。この作品の最後には「今では手遅れだ」という言葉があり、彼は贖われることのない罪、救いのない苦悩の中に生き続けざるを得ないことが示されている。

(12) 『尼僧への鎮魂歌』(*Requiem pour une nonne*) は、アメリカの作家ウイリアム・フォークナー原作の小説を舞台劇に翻案した作品。子守として雇われた元娼婦の黒人女性が、複雑な事情のもとに結婚し、多くの問題を抱える主人夫妻の子どもの将来を憂えてその命を絶ったために死刑判決を受けるという事件を通して、人間の罪と赦し、そして救いの問題を追及している。これもキリスト教を意識して創作された作品であると言うことができる。

(13) Albert Camus, Théâtre, récits, nouvelles, Gallimard, 1999. *Requiem pour une nonne*, p.1881.

(14) カミュは、1945年に行われたインタビューで、「サルトルと私は神を信じていません。これは真実です」と述べている（Albert Camus, ŒUVRES COMPLÈTES Ⅱ, *Non, je ne suis pas existentialiste*, p.656.）。

　また『尼僧への鎮魂歌』について聞かれたインタビューでは、「私は神を信じていません。それは真実です。しかしそれだからといって無神論者ではありません」と述べている（*Requiem pour une nonne*, p.1881.）。

2　『ギロチン』

　カミュの晩年の作品として、1957年に発表された『ギロチン』を取り上げてみたい。これは、その題名が示すように死刑についての見解を述べた論文である。

　冒頭で彼の母親から聞いた話として、公開処刑を目撃した彼の父親の様子について述べている。それによると、ある日彼の父親は殺人犯の処刑現場を目撃した。帰宅後彼はしばらく寝台に横になっていたが突然吐き始めた（『ペスト』の登場人物の一人であるタルーの告白にも同様の内容が見られる）。そのことについてカミュは次のように述べている。

第 1 部　アルベール・カミュ

　もし最高の裁きが、それが保護すべきものとみなされている正直な人間を嘔吐させるだけのことでしかありえないとするなら、その裁きは社会により多くの平和と秩序をもたらすためにあり、それは当然の役割であるという説を支持することは困難なように思われる。それどころか、その裁きが犯罪に劣らず非道なものであり、この新たな殺人行為は、社会集団に加えられた攻撃を償うどころか、最初の殺人行為に新たな汚点を付け加えるものであることは明らかである。(1)

　私自身としては、死刑はただ単に無用であるばかりでなく、著しく有害であると信じている。本論に入る前に、ここでこの確信を書き留めておかなければならない。(2)

　カミュは死刑の威嚇の効力については、「威嚇の効力が及ぶのは、生まれつき犯罪には不向きな小心者たちだけであり、まさに改心させなければならない手に負えない者たちの前では弱まってしまう(3)」と述べ、その効力が限定的なものにすぎないという見解を示している。そして「犯罪者が単に犯行だけではなく、それにともなう不幸をも、たとえその不幸が途方もなく大きいものであっても、いや特にそのように大きい場合に、あえてその不幸を欲するということも起こりうる」のであり、「この奇妙な欲求が増大し、支配力を持つようになった時、死刑に処せられるかもしれないという見通しは、それが犯罪者を押しとどめ得ないばかりか、さらには彼が自分の身を滅ぼしていく際の眩暈を増大させることはありうる」と述べている。「その場合は、いわば死ぬために殺人を犯すのである(4)」。

　死刑制度を廃止するべきであるという意見に対して、それが犯罪の増加につながる、という理由で反論する人も多い。それについて

第5章　罪と裁き

　カミュは、「死刑を廃止した国に関するものであろうと、それ以外の国に関するものであろうと、すべての統計は例外なく、死刑の廃止と犯罪数との間に関係がないことを証明している」と指摘する。たとえば「死刑を廃止したり、死刑がもはや執行されなくなった33の国においても、結局のところ、殺人者の数は増加していない」。また、「法学者ドリーヴクロワが1860年頃、誤審に確率計算を適用したところ、257件に1件の割合で無実の人間に有罪判決が出されていると結論づけた」ことを紹介する。そしてこの比率は、「死刑に関するかぎりはきわめて大きな問題となる比率である」と述べている。[5]

　カミュは、死刑が非道な刑罰であるだけでなく、それが凶悪犯罪の抑止に効果があるという証拠はなく、誤審により無実の人間を死に追いやる危険性が常に存在することを述べている。さらに彼は、『転落』等でも追求されていた人間の「根源悪」というものを取り上げてそれに基づいて死刑制度を批判する。

　　　われわれのうちだれもが絶対的な審判者として振る舞うことはできないのも、また犯罪者のうちで最低の者に対しても決定的に除去することを宣告できないのも、まさに人間が善ではないからなのだ。我々のだれもが絶対的潔白を主張することができないのだ。このようなことは自明の理ではないか。死刑の判決は、異論の余地がない唯一のものである人間の連帯関係、死と立ち向かう連帯関係を破壊してしまう。そうすると死刑の判決は、人間をこえたところにある真理もしくは原理によってしか正当化されなくなる。[6]

　完全な人間などどこにもいない。人間は皆さまざまな過ちを犯し

ながら生きている。そのような人間が絶対的審判者となり、他の人間に対して死刑の判決を下せるはずはない、とカミュは考えるのだ。この考え方は、前述の（『転落』のクラマンスが引用した）、罪の女に向かって優しく「わたしもあなたを罪に定めない」と語ったキリストの教えと同質性がある。ともに人間がみずからの根源的な罪や悪を自覚することを通して、自分が相対的存在であることを認識し、寛容と赦しの精神を身につけることを説いている（同様の思想は『正義の人々』などにも見られる）。

しかし彼は、キリスト教などに見られる霊魂の不死（永遠の生命）に対する信仰を「極刑に根拠を与えるものとなる」として批判する。「なぜならそれらの価値や信仰は、それ自体の論理によって、死刑が決定的で償い得ないものであることを否定するから」[7]である。

現代では、先進国などでは宗教の影響力の低下が見られ、永遠の生命を信じる人も少なくなった。しかし、宗教的な「聖なるもの」に代わって人間がつくりだした理念や国家などの社会集団、さらには思想、イデオロギー、未来に実現するとされる「理想社会」などがしばしば絶対的な性格を帯び、神格化され、宗教の代用品として崇拝の対象となることがある。そしてそれらの名においても死刑はしばしば正当化されていることをカミュは指摘する。

　今や、神格化された一国家や一階級のために殺人が行われている。同様に未来社会のためにも殺人が行われている。すべてを知っていると信じる人間がすべてをなしうると空想するのだ。絶対的信仰を強要する現世的偶像は、飽くことなく絶対的刑罰を宣告する。そして超越性を失った宗教は、希望なき受刑者を大量に処刑するのだ。[8]

こうして死刑制度が不当なものであることを訴えたカミュは、「明日の統一されたヨーロッパにおいては、私がこれまで述べてきたことの故に、死刑の厳粛なる廃止は、われわれすべてが希望しているヨーロッパ法典の第一条とならなければいけない」[9]と断言する。この死刑制度の廃止はまさに現在のＥＵ（ヨーロッパ連合）で実現していることではないか。

もっともカミュは必ずしも性急な死刑廃止を求めているわけではなかった。死刑廃止に至るまでの暫定的措置として、死刑の執行方法の改善を提起している。それはたとえば、「死刑囚を睡眠から死へと導くような麻酔薬を用い、それを自由に服用できるように、少なくとも一日彼の手が届くところに置いてやるといった方法」[10]である。

そして最後に「死が法律の枠外に置かれない限り、個人の心の中にも、社会の習俗の中にも持続的な平和は訪れないであろう」[11]という言葉でこの論文をしめくくっている。

【註】
(1) Albert Camus, ŒUVRES COMPLÈTES Ⅳ, *Réflexions sur la guillotine*, Gallimard, 2008. pp.127-128.
(2) *ibid*., p.129.
(3) *ibid*., p.137.
(4) *ibid*., p.139.
(5) *ibid*., p.153.
(6) *ibid*., p.159.
(7) *ibid*., p.160.
(8) *ibid*., p.163.
(9) *ibid*., p.165.
(10) *ibid*., p.167
(11) *ibid*., p.167.

第6章　芸術家の使命

　1957年、カミュはノーベル文学賞を受賞することになった。彼は当時43歳で史上最年少の受賞であった。受賞後にスウェーデンのウプサラ大学で行われた講演で彼は次のように述べている。

　　芸術家は、その道程の果てにおいて、人を断罪するのではなく、その罪を赦します。彼は裁判官ではない、弁明者です。生きている被造物に対して、それが今実際に生きているという理由から永遠に弁護士であり続けるのです。彼が弁護するのはまさしく隣人愛ゆえであり、現代のヒューマニズムを裁判所の教理問答へと堕落させているあの遠いものへの愛のためではありません。(1)

　神への信仰を否定し、この世界の不条理を直視しながら生きることを説くことから創作活動を始めたカミュは、人の罪を赦し、生きている被造物を隣人愛ゆえに弁護する活動に芸術家の使命を見出すに至った。
　さまざまな罪や過ちを犯す人間は決して絶対的存在にはなれない。しかし、いやそれ故にこそそれぞれが相対的存在としてかけがえのない価値を有している。すべてが相対的存在であるということはすべてが相互に支え合っているということになる。カミュは「絶対」を志向するニヒリズムと闘いつつ、人間、そして自然をそのまま相対的存在として愛し、その生命を護り、昂揚させるために創作活動を続けたのだ。
　ノーベル賞受賞後、カミュは南フランスのプロヴァンス地方の

第 6 章　芸術家の使命

ルールマランに自宅を持つことになった。そしてその家とそこから700km 以上離れたパリの間をしばしば往復していたという。1960年 1 月 4 日、この日は彼の友人のミシェル・ガリマール夫妻と共に車でパリに向かっていた。しかし突然その車は立ち木に衝突した。これによりカミュは志半ばでこの世を去ることになったのである。

【註】
（1）Albert Camus, ŒUVRES COMPLÈTES Ⅳ , *Discours de Suède*, p.261.

第 2 部　シモーヌ・ヴェイユ

第1章 「小さきもの」への献身
―シモーヌ・ヴェイユの生き方―

[1] 青春時代のヴェイユ

　シモーヌ・ヴェイユは、カミュが生まれる4年前、1909年2月3日、パリで生まれた。カミュは貧しい移民の子であったが、ヴェイユの父ベルナールは医師で一家の生活は安定していた。両親はともにユダヤ系フランス人であったが、ベルナールは不可知論者で徹底した無神論者であったと言われる。そして両親は二人の子供（シモーヌ・ヴェイユと彼女の兄アンドレ）を知的な環境の中で自由に育てた。後に高名な数学者となるアンドレはすでに9歳にして方程式を解き始めていた。一方、ヴェイユは幼くして愛国的な詩に夢中になっていた。
　1914年、第一次世界大戦が勃発するとヴェイユの愛国心は行動においても示されることになる。彼女は戦場の兵士達と文通を始め、自分のお菓子を戦場に送った。しかし戦争が終わると彼女の「愛国熱」は急速に冷めていく。彼女は1938年に作家ベルナノスに送った手紙の中で次のような言葉を述べている。

　　ヴェルサイユ条約の時、私は10歳でした。戦争中の子供らしく、その時まで私は熱烈な愛国者でした。打ち負かされた敵を辱めようとする意志が、当時（戦争後も）いたるところにあふれていました。それはとてもいやらしいもので、そのために私の単純な愛国心はこれを限りに完全にいやされました。私に

とって自国が他国に加える屈辱は自国が被る屈辱よりもはるかにいたましいものだからです。⁽³⁾

　戦争は終わり、フランスはドイツに対して勝利を収めた。しかしヴェイユは祖国の勝利に夢中になるよりも、むしろ打ち負かされ、辱められることになった敗戦国の人々の悲哀を思いやり、その原因をつくり出している国民の一人であることを苦しむようになる。戦争が終わってヴェイユの心をより強く動かしたものは、祖国の勝利ではなく、破れ去った者、屈辱に耐えている者たちの苦しみなのである。
　ヴェイユは少女時代より、自己の権利の拡大や利益の増大を求めるのではなく、自分以外の誰か（何か）のために自己を犠牲にすることを強く求める人間であった。第一次世界大戦中は、彼女の自己犠牲の精神は愛国心という形をとった。しかし彼女は祖国の勝利の後、敗者に屈辱を加えようとする人々を見てその時の単純な愛国心を失った。その後彼女は様々な社会的弱者のために自己を犠牲にするという生き方を貫くことになる。特に彼女が心を痛めたのは失業者の存在である。彼女は、早くも11歳の時、パリのサン・ミシェル大通りで、失業者のデモが行われた際、家を抜け出し、街の中へ失業者を迎えに行ったという。
　16歳になったヴェイユは、フランスのエリート校の一つである高等師範学校を受験するため、アンリ4世校の高等師範学校文科準備学級（カーニュ）に入る。彼女はこの学級で教師をしていたアランと出会う。[4]『幸福論』で有名なこの哲学者との出会いは、彼女の思想形成に決定的な意味を持った。カーニュでヴェイユとともに学んだシモーヌ・ペトルマンは、ヴェイユがアランから受けた影響について次のように述べている。

第1章 「小さきもの」への献身 ―シモーヌ・ヴェイユの生き方―

　　アランは検証と抵抗の精神と、彼によれば本来的に専制化する傾向をもつ権力を自由に批判し、世論によって行使される抑制力により、権力を正当な範囲内にとどめさせる意志を説いていた。シモーヌがその抵抗を深化させ、権力の専制化の最も正しい原因を識別し、専制をさらに悪化せしめる間違った解釈を拒否したのはおそらくアランの影響であろう。後年、シモーヌが政治の領域に示した思考の明晰さと力強さには、アランが確かに何ほどかの役割を果たしている。アランがいなければ、どこかの党派のために、シモーヌはむなしく奉仕してしまったことだろう[5]。

　カミュはリセ時代にグルニエという師と出会い、それが彼の才能の開花につながったように、ヴェイユはアランという師と出会い、その影響の下で思索を深めていたのだ。
　アランは、彼自身が選んだ主題についての小論文や自由作文を生徒に書かせていたが、アランが「実に美しい」と評価したヴェイユの自由作文がある。それは砂漠を横断中、他の兵士たちと同様にのどの渇きに苦しめられていたアレキサンダー大王が、兵士が遠くからくんできた水を、彼だけが優遇されるのを嫌って流してしまうという話についての考察である。ヴェイユはこのアレキサンダーの、他の兵士たちと苦しみをともにしようとする行為の純粋さを称える。そして、彼女はそのことについて次のように述べている。

　　神は無辜であるとプラトンはいう。世界を救うには義しく純粋であればよい。これが政治活動ではなく、ただ義によって人々の罪を贖ったとされる〈人神〉の神話が示すことの真意である。そうであるなら、我々は自身を救わねばならない。〈エ

スプリ＝霊〉を自身の内部で救うのだ。外側の人間性は精神＝霊の神話にすぎないのだから。犠牲は苦痛の受容であり、内なる動物への屈従の拒否であり、苦しむ人々を自発的な苦しみによって贖おうとする意志である。どのような聖者も、すべて、まわりに水を注いだ。どの聖者も人間の苦悩から彼を隔てるようなあらゆる幸福を拒絶した。善とは、個人として、つまりは動物としての自己から自らを引き剥がし、人間として、つまりは神にあずかる存在として自己を肯定する運動である。(6)

　自己に与えられた特権を拒否し、他の人々と苦しみを共有すること、それは自己の動物的な部分の否定を通して、神にあずかる存在としての自己を肯定する運動であり、それが善である。そしてそこに救いがある。ヴェイユは後に、人間が自己否定を通して神と霊的に一体となり（霊的結婚）、遡創造を成し遂げる、とする思想を持つことになるが、すでにその原型となる考え方がごく若い頃に形成されていたのだ。また、「ただ、義によって人々の罪を贖ったとされる〈人神〉の神話」について言及しているが、これは明らかにキリストの神話を意味している。不可知論者で徹底した無神論者であったとされる父親の下で育ったヴェイユであるが、すでに10代半ばでキリストに関心を寄せていたと思われる。しかしその一方で、彼女は後のペラン神父にあてた手紙の中で、「私は全生涯を通じて、いかなる時にも決して神を求めることはなかったと言うことができます(7)」と明言している。また「青春時代から、神の問題はこの世ではその与件の欠けた問題であり、これを間違って解決すること―それは最大の悪だと思われるのですが―それを避けるための唯一の確実な方法は、これを提出しないことだと私は考えてきました(8)」とも述べている。青春時代の彼女はすでに倫理的な面ではキリスト教の

第1章 「小さきもの」への献身 ―シモーヌ・ヴェイユの生き方―

影響を受けていたとも考えられるが神を信じてはいなかったのである。

　社会的弱者のために自己を犠牲にする生き方を求めたヴェイユは若くして労働者の問題に対する関心を深めた。そして階級も搾取もない社会の実現を、少なくとも理想としては掲げている共産党に強い関心を抱いた。ペトルマンによれば、「彼女は他のどの党よりも共産党にひかれていた」[9]。そして「カーニュ、高等師範学校在学中、さらにその後に及ぶ期間、彼女は自分の手紙、草稿その他の書きものの上に、鎌と槌をよく描いていた」[10]。しかし、若き日に一度は共産党に所属して活動したカミュとは異なり、ヴェイユは一度も共産党に所属しなかった。そして早くも 1932 年ル・ピュイで最初の教師生活を始めた時代には、彼女は「私はしだいにコミュニストではなくなりつつある」[11]と書いた。

　ヴェイユは国家や政党という社会的集団には、人間を精神的に抑圧するメカニズムがある、ということを指摘している。彼女は学生時代には一時共産主義思想や共産党に接近したものの、共産党に入党しなかったことの背景には、彼女が共産党にも内在する集団の悪やマルクス主義、共産主義思想の矛盾・問題点にいち早く気づいたことがあると思われる。このことについては、「第2章 社会集団と偶像崇拝［１］国家」、「第3章 キリスト教と偶像崇拝［３］歴史観への問い」で詳しく述べてみたい。

　1928 年、ヴェイユは二度目の挑戦で高等師範学校に合格し、入学した。彼女は他の学生たちに、請願書の署名を要求したり、労働組合のストライキに基金を求めようとした。そのため他の学生達からは恐れられていたとも言われている。学校当局も彼女に手を焼いていた。彼女は何らかの権力を行使しうる人々に対しては特に手厳しかったからである。

1930年、ヴェイユは卒業論文を提出する。題は『デカルトにおける科学と知覚』（『科学について』〕所収）であった。近代科学の出発点としてのデカルト哲学に注目し、デカルト的懐疑の問題点を徹底的に追求するとともに、デカルトを超えて新しい学問のあり方を考察した論文である。ヴェイユがデカルトから受けた影響については、神概念などに明瞭に見られるが、それについては、「第4章　真の神［1］実在としての神」の註（17）で述べてみたい。

　彼女は、高等師範学校卒業の翌年、哲学の教授資格試験に合格し、アグレジェ（教授資格者）となった。彼女は港町か北部ないしは中央部の工業都市にポストを要求した。しかし実際の赴任校はパリから遠く離れた南フランスの小都市ル・ピュイの女子高等中学校であった。「アカの乙女」とも言われていた彼女をできるだけパリから遠くに追いやろうとする当局の意図が働いていたとも言われている。労働問題に強い関心を抱いていた彼女は教師になってからも労働運動に力を入れた、とは言っても彼女は自らの賃金を上げるために闘ったのではない。それどころか彼女は新任の小学校教師の給料に等しい金額しか自分自身には使うまいと決心し、質素な生活をしていた。たとえば、貧しい失業者は暖房など使えない、と考えていた彼女は、真冬でも暖房なしで過ごしていたとも言われる。余ったお金は失業年金、救援組織、寄付、新聞雑誌、組合などに送っていた。週末には、往復約6時間かけてサン・テチエンヌまで出かけて労働者たちに授業を行った。そしてかなりの金額をそこの炭鉱労働者連帯金庫に払い込んでいた。しかし彼女はお金を失業者や労働者たちのために使うだけでなく、彼らのための直接行動も行った。彼女が行った労働運動とは、自らの権利を拡大するための闘いではなく、逆に自らの権利を放棄して、より貧しく弱い立場にいる人々のために闘うことであった。(12)

第1章 「小さきもの」への献身 ―シモーヌ・ヴェイユの生き方―

　ヴェイユがル・ピュイの高等中学校に勤務していた時に世間を騒がせた事件（「ル・ピュイ事件」）が起こった。1931年12月17日、失業者の一団はル・ピュイの市長に代表団を派遣し、諸要求のリストを市長に提示することを決めた。その代表団にヴェイユが加わったのである。彼女は失業者につきそってまず市長宅へ、ついで市議会へ出かけた。それぞれの場所で彼女は発言したという。これについてオート・ロワール県の保守系新聞「ル・メモリアル」は、彼女のことを「毎月末には心地よさそうに月給袋をポケットにねじ込む、失業のおそれのない若い人物」（実際には彼女は給料の多くを社会的弱者のために使っていたのだが）と定義した上で、そのような十分な報酬を受け取っている人物は「社会をひっくり返さないという義務を負っている」として彼女の行為を非難した。そして最後には「貧しい世界の悲惨の上に、まるで腐植土の上のキノコのように芽を出してくるインテリどもに考慮を払う必要はない」[13]とまで断言している。

　ヴェイユの行動は特に保守勢力の強い批判を受けることになるのだが、それでも彼女は自分の生活を犠牲にしてより厳しい状況におかれていた失業者や低賃金労働者のために闘い続けた。もちろん教師の仕事にも熱心に取り組んだ。最初の赴任校（ル・ピュイ）では、彼女は生徒全員から非常に好かれていたという。なぜなら彼女は、これらの生徒たちに対して並々ならぬ献身ぶりを示していたからである。彼女はしばしば激しい頭痛に苦しめられながらも深夜までかかって講義の準備をしていた。また無報酬で講義を行うこともあった。書店が教官たちに行っていた値引きの恩恵を生徒にも得させるために、彼女が注文し、前払いした多くの本を寄宿舎まで運ぶ姿がよく見られたという。ただ彼女の教え方は受験向きではなかった。最初の年、彼女が担当した生徒のうちバカロレアに合格した者

第2部　シモーヌ・ヴェイユ

は二名にすぎなかった。また彼女の行動が世間を騒がせたということがしばしば問題にされた。そして彼女自身が異動を望んでいたこともあり、ル・ピュイに赴任した翌年にはオセールに、そしてさらにその翌年にはロアンヌに異動することになる。

　本来の職務以外に、労働運動と深い関わりを持ち、学校当局と対立することが多かったヴェイユであったが、ロアンヌでは、初めて学校当局に受け容れられた。彼女の生徒たちは彼女を愛し、彼女は教えることに情熱を感じていたと言われる。

　1933年のクリスマス休暇にヴェイユはパリに戻った。この休暇中に、彼女は、ヴェイユ家所有のアパルトマンの一室をトロッキー[14]に使わせた。当時トロッキーは、フランスに滞在することを許され、そこで小さな会合を持ちたがっていた。その一室でヴェイユとトロッキーとの会見が行われた。二人は、主にロシアが労働者の国家であるかどうかについての議論を行った。トロッキーは肯定的な主張をしていたという。しかしヴェイユは、当時のロシア（実際はスターリン統治下のソ連）を労働者の国家として認めなかった（この問題については、「第2章　社会集団と偶像崇拝［1］国家」でも取り上げてみたい）。二人の主張は対立したままであったが、トロッキーが開催した会合は何らかの成果を得ることができた。彼は、ヴェイユ家のアパルトマンを去るに当たって、ヴェイユに、「第四インターナショナルが創設されたのはお宅でのことだと言われてもよい」と述べていたという。

［2］工場での労働体験

　1934年の10月、ヴェイユは「個人的な研究」を理由に、1年間の休暇をとった。そして12月にプレス女工の資格で電気機器を製

127

第1章 「小さきもの」への献身 ―シモーヌ・ヴェイユの生き方―

造するアルストム社において労働を始めた。自分自身も工場で労働を行うという学生時代から抱いていた計画をついに実行に移したのだ。彼女の労働は病気などのため何回も中断し、工場もたびたび変わることになったが、翌年8月まで続けられた。

　彼女が工場労働を行った理由は何であろうか。彼女の友人の一人で、サン・テチエンヌの組合仲間であったアルベルチーヌ・テヴノンは、「炭坑夫たちと交わり、失業者の受ける給与で生活し、労働運動について考え執筆するというだけでは満足できなかった」彼女が、「労働と労働者の関係をその内部から探求する」ためであった、という。

　またペトルマンは、「彼女が女工になりたいと願った理由の一つが、工場においてこそ、真の人間的な友愛の心が見出せるだろうと思ったためであるのは確かである」[15]と述べている。

　おそらくどちらもヴェイユが工場労働を行った正しい理由として考えられる。ただ、彼女は、工場では人間的な友愛の心をそれほど見出せなかったという。また、工場での労働は、もとより不器用で健康に恵まれない彼女を大変疲れさせた。そのために彼女が感じた誘惑は、「考えないこと」であった。「それだけが苦しまなくてすむ、ただ一つの、唯一の方法」であったのだ。そして彼女はその工場の中で権利という感覚を失い、自らを奴隷のような存在であると考えるようになった。

　　この奴隷の身である私が、どうしてこんなバスに乗ることができるのだろうか。ほかの人々と同じ資格で、12スウ出して、バスを利用することができるのはどうしてなのか。これこそ普通でない恩恵ではなかろうか。もし、こういう便利な交通機関はおまえのような者の使うものではない。おまえなんかは、歩

くしかないのだと言われて荒々しくバスからつき落とされたとしても、その方が私にはまったくあたりまえのように思えるだろうという気がする。隷属状態にいたために、私は自分にも権利があるのだという感覚を、すっかり失ってしまった。人々から何も手荒な扱いを受けず、何も耐えなくてもよい瞬間があると、それが私にはまるで恩恵のように思える(16)。

　ヴェイユは、『工場長への手紙』の中では、「圧迫というものは、ある程度以上に強くなると、反抗への傾向ではなくて、完全な隷属へのほとんど抗しがたい傾向を引き起こす」(17)と述べている。
　彼女はマルセイユで出会ったドミニコ会修道院長のジャン・マリー・ペラン神父に出した手紙でも工場での体験を述べている(18)。

　　工場経験の後、教職に戻る前のこと、私の両親は私をポルトガルに連れて行きました。ポルトガルで私は両親と離れ、一人で小さな村に入りました。私は身も心も、いわばこなごなになっておりました。不幸との接触は、私の青春を殺してしまったのです。それまでの私は、私個人の不幸を除けば、不幸の経験がありませんでした。私だけの不幸は個人的なものですから、私にはそれほど重要ではないと思われましたし、そのうえそれは生物学的なもので社会的なものではありませんでしたから半分の不幸でしかありませんでした。私はこの世界には多くの不幸が存在することをよく知っていましたから、私はたえず不幸につきまとわれてはおりました。しかしながら、不幸と長い間接触を保つことによって、その不幸を確認したことは一度もありませんでした。匿名の大衆と一緒になって、すべての人々の眼にも、私自身の眼にも、他者との区別がつかないような工場

第1章 「小さきもの」への献身 ―シモーヌ・ヴェイユの生き方―

内におりました時、他人の不幸が私の肉体と魂の中に入ってまいりました。何ものも私をその不幸から離れさせはいたしませんでした。と申しますのは、私は本当に自分の過去を忘れてしまっておりましたし、この疲労に打ち勝って生きながらえることができると想像することはたいへん困難であるという理由で、いかなる未来も待ち望んではいなかったからでございます。その時私が被りましたものは、いつまでも忘れられないほどに私の心に印されましたので、今日でもなお、たとえいかなる人間にせよ、またどんな状況においてであれ、私に対して粗暴でない話し方をする時には、この人は間違っているに違いない、その間違いは、不幸なことに、多分消散してしまうだろうという印象を抱かざるを得ないのです。その時私は、ローマ人たちが最も軽蔑した奴隷の額に押しつけた焼きごてのような奴隷の印を、永久に受け取ったのです。それ以後、私は常に自分自身を奴隷と見なしています。

　このような精神状態と、悲惨な肉体的状況にあった私が、ああ、これもまたきわめて悲惨な状態にあったこのポルトガルの小村に、ただ一人、満月の下を、氏神様のお祭りのその日に、入っていったのでした。この村は海辺にありました。漁師の妻たちは、ろうそくを持ち、列をなして小舟の周りを廻っていました。そして非常に古い聖歌を胸を引き裂かんばかりに悲しげに歌っていました。何が歌われていたのかはわかりません。ヴォルガの舟人達の歌を除けば、あれほど胸にしみとおるものを聞いたことはありませんでした。この時突然私は、キリスト教とは、すぐれて奴隷たちの宗教であることを、そして奴隷たちは、中でも私は、それに加わらないではおれないのだという確信を得ました。[19]

極度の疲労、頭痛、体の痛み、能率の上がらない仕事、そして尊厳を奪われたような境遇に直面した工場の中で不幸がヴェイユの肉体と魂の中に入ってきた。彼女はそこで奴隷の印を受け取った。工場は彼女にとって想像以上に過酷な場所であった。しかし工場体験は彼女にキリスト教へと向かう一つの通路を開いたと言えるのではないか。この体験の後に訪れたポルトガルで彼女は漁師の妻たちが歌う聖歌を聞いて、キリスト教とは奴隷たちの宗教であることと、自分自身がそれに加わらないではおれないことを確信したのだ。これは彼女の最初のキリスト教（カトリシズム）との出会いであった。
　ここで「奴隷」という言葉に注目したい。ヴェイユは、学生時代（1930年頃）に書いたとされる『権利の二律背反』という論文で、「人間からすべての権利を剥奪することと、人間を事物と同一視することは同じである。これが奴隷と呼ばれる境遇だ」[20]と述べている。彼女にとって権利を剥奪された者が奴隷なのである。教授資格を持ち、十分な収入のあったヴェイユはいわば「権利を与えられた者」であった。しかし彼女はみずからその権利の多くを放棄して、権利を奪われたものに寄り添い、そのことを通してキリストの教えを体現するような生き方（彼女は当時まだキリスト教との本格的な出会いを経験していなかったが）を貫こうとしたのだ。[21]
　ヴェイユが関心を抱いたのは工場労働だけではない。彼女は農民の生活をも深く知りたいと思っていた。1936年3月に彼女はシエール県で、畑仕事や牛の乳搾りなどを行った。彼女は、このような農作業に従事していたある日、「畠のまん中で、ユダヤ人が将来受くべき苦難について、悲惨について、政治犯の流刑について、近い将来起こるはずの恐るべき戦争について、とめどもなくまくしたてた」[22]という。ヴェイユは、ユダヤ教については厳しい見方をしてい

たが、隣国ドイツにおけるヒトラー台頭という状況の中で、ユダヤ人の悲惨な運命を予知し、そのことに大きな不安を抱いていたのである。

［3］スペイン市民戦争への参加

　スペインでは、1931年に革命が起こり、ブルボン王朝が倒れた。1936年2月の選挙で、社会党や共産党などの左翼諸政党が勝利を収め、こうした政党（共和派）の協力による人民戦線内閣が成立した。ところが7月にはフランコ将軍に率いられた軍の将校らがこの政府に反抗してクーデターを決行し、市民戦争が始まった。ドイツやイタリアが反乱軍に武器を供与した。しかしスペインへのソ連の影響力増大を心配したイギリスとフランスが不干渉政策をとったため、共和派を支援する国はなかった。ただ、欧米の若い左翼系の知識人の中には義勇兵として人民戦線の戦列に加わる者が続出した。ヴェイユは戦争を憎んでいた。しかし彼女はそれを傍観することはできなかった。彼女は後にベルナノスに宛てて出した手紙には、「一方の側の勝利を、他方の側の敗北を願わずにはおられないことが分かった時、パリは私にとって銃後であると考えました[23]」と書いている。

　彼女は8月にはバルセロナに赴いた。彼女はある部隊に配属され、義勇兵として戦争に参加することになった。

　彼女は、「最初、この戦争は地主と地主に加担する聖職者たちに対する飢えた農民たちとの戦争であるように見えたが、実はロシア、ドイツそしてイタリアとの戦争になっていた[24]」として、この戦争の性格そのものが彼女が考えていたものとはすでに大きく違っていたことをベルナノスへの手紙で述べている。そして彼女は、その手紙

の中でこの戦争で起こったさまざまな恐るべき出来事をいくつも指摘している。

　ある時、アラゴンで各国出身の二十二人の義勇兵からなる国際的な小グループと小こぜりあいの後、フランコ側のファランヘ党員として戦っていた15歳の少年をとらえた。この少年は、自分は無理やり入党させられたと言ったが、彼のポケットには、聖母マリアのメダイユとファランヘ党の党員証が見つかった。そこで彼は隊長のもとへ送られ、隊長は彼に無政府主義の理念の美しさを1時間にわたって説き聞かせた後、死を選ぶか、自分たちの仲間に加わるかを24時間以内に決めるように伝えた。結局この少年は仲間に加わることを拒否して銃殺された。この出来事はヴェイユの心をいつまでも重く苦しく圧迫し続けた。

　またある時は、二人のアナーキストが仲間たちと一緒に二人の司祭を捕らえた際の様子について話してくれた。それによると、一人の司祭は、もう一人の司祭の見ているところで即座にピストルの一撃で殺された。残った司祭は、「行ってもいい」と言われたが、20歩ほど歩いたところで撃ち倒された。この話をヴェイユにしたアナーキストは彼女が笑わないのをひどく驚いたという。彼女はスペイン人の中にもフランス人の中にも無駄に流れている血について反発や嫌悪を表明する人を一人も見なかったのである。そして次のように述べている。

　　人々は、犠牲的精神をもって志願兵として戦争に加わります。それなのに、金で雇われた兵士のするような戦争に落ち込んでいるのである。しかもそこには多くの残酷な行為の数々が余分に加わり、一方、敵に対して示すべき敬意が欠けているのです。[25]
　スペイン市民戦争で戦っていた兵士たち、特に共和派側についた

第1章 「小さきもの」への献身 —シモーヌ・ヴェイユの生き方—

　外国からの義勇兵たちの多くは当初強い正義感と使命感を持っていたと考えられる。しかし彼らは敵は悪であり、悪人は殺してもよい、いやむしろ殺すべきであるという考え方に染まってしまっていた。それはヴェイユにとってとても受け容れられないものであった。彼女もたしかに「一方の側の勝利を、他方の側の敗北を願って」いた。しかし「他方の側の人々」にも人間として敬意を払っていた。したがってたとえ戦争であっても無抵抗の「他方の側の人々」を殺すことが正当化されるとは考えなかったのだ。

　ヴェイユは、第一次世界大戦後、自国内にあふれていた「打ち負かされた敵を辱めようとする意志」に強い嫌悪感を抱いた。そしてスペイン市民戦争では、ためらうことなく敵を殺そうとする兵士たちに大きな反発を感じた。敵に対する敬意や思いやり、これはヴェイユの思想の底流に流れている重要な要素である。そしてそこに「敵を愛し、迫害する者のために祈りなさい」と説いたキリストの教えとの大きな同質性がある。

　ヴェイユのスペインでの戦いは短期間で終わった。ある農家にとどまって炊事をしていた時、強度の近視であった彼女は火から下ろしたばかりの油が煮えたぎっていた鍋に足を入れてしまったのだ。大火傷をした彼女は翌日には付近の病院に運ばれるがそこでは満足した治療を受けることはできなかった。しかしその後両親と再会し、医師である父親から治療を受け、一ヶ月後にはフランスに戻った。その後、多くの女性たちがこの国際義勇軍に参加したが、その多くが殺されたという。彼女が生きて戻れたのは火傷のおかげであるとも言えるのである。

　ヴェイユはこのスペイン市民戦争の体験で、戦争というものの醜い実態や「人を殺しても、罰を受ける恐れも非難される恐れもなければ人は殺人を犯す」という人間の恐ろしい本性を思い知った。彼

女は労働者の側に立ちつつも、革命が起こってプロレタリアートが支配する社会になれば、搾取のない平等な理想社会が実現するという、ある意味では楽観的なマルクス主義の理論を批判することになるが、その背景にはこのようなスペインでの体験も影響していると言えよう。

帰国後、ヴェイユは火傷や貧血症等の治療のため休暇を取った。翌年には彼女はイタリアに旅行し、アッシジで２日間を過ごし、聖フランチェスコが祈りを捧げたと言われるサンタ・デリ・アンジュリの小礼拝堂の中に一人でいた時、生まれて初めて彼女より強い何ものかが彼女をひざまずかせたという。これが彼女のキリスト教（カトリシズム）との２回目の接触であるが、彼女が超越者を人間の内面から人間を動かす「はたらき」として把握したという点は注目すべきであろう。

1938年にはヴェイユは、枝の日曜日（Les Rameaux〔復活祭直前の日曜日〕）から復活祭の火曜日までの10日間はソレムで過ごし、全ての聖務に参列した。当時彼女はひどい頭痛に苦しんでいたが、非常な努力を払って注意を集中した結果、歌と言葉の経験したことがないような美しさの中に、純粋で完全なよろこびを見出すことができたという。そして彼女はこの経験から類推して、「不幸を通して神の愛（l'amour divin）を愛することが可能であることをさらによく理解しました」[27]と記している。また、「この地でのいろいろな聖務が経過する間にキリストの受難という思想が私の中に決定的に入ってきたことは言うまでもありません」[29]とも記している。さらに彼女は、そこにいた一人のイギリス人カトリック信者から、形而上学的とよばれる17世紀のイギリスの詩人の存在を知らされたこと、そして後になって、これらの詩人たちの作品の中に「愛」[30]と題する詩を発見したことも語っている。彼女は頭痛の激しい発作の絶頂で

第1章 「小さきもの」への献身 ―シモーヌ・ヴェイユの生き方―

全注意力を集中して、この詩が持つ優しさに自分のすべての魂をゆだねつつ吟唱することにつとめた。するとその吟唱が祈りの効能を持つようになったという。そしてそのような吟唱をしていた時、キリスト自身が下ってきて、彼女をとらえるという体験をしたと告白している。これが彼女とキリスト教（カトリシズム）との3回目の接触である。

[4] マルセイユでの出会い

前述したように、ドイツ軍は、1940年5月にベルギー・オランダを経て北フランスに侵攻した。そして、6月13日にはパリに無防備都市の宣言が出された。ヴェイユは両親とともにパリを離れ、ナチスドイツの支配が及んでいなかった南フランスを目指すことになった。[31]

ヴェイユ一家は7月にはヴィシーに到着し、翌月にはトゥルーズへ向かった。そこで2週間を過ごした後、9月にはマルセイユに到着する。彼女はここでも、様々な形で弱き者や苦難の中にいる人たちとその苦しみや不幸を共有しようとする。このころに彼女が特に案じていたのは植民地の人々が置かれた状況であった。たとえば彼女は劣悪な状況下で働かされていたインドシナ人の保護を求めるために奔走した。また、マルセイユで彼女に出会った医師ベルシエによると「彼女は政府の決めた食料の割当量をまじめに守っていた唯一人の人間だった」という。「彼女は、自分の割当量を増やそうとする試みはすべて、他人の割当量を減らすことになるからという理由で、罪深いことと見なしていた」。[32] その上、彼女はそのわずかな割当量ですら、収容所生活をしていた植民地の人々などへ送り届けていた。彼女は極めて質素で少ない食料で生活していたのだ。

シモーヌ・ペトルマンが文部省から送ってもらったヴェイユの在勤証明書によると、マルセイユ滞在中の1940年10月1日以降、彼女はコンスタンティーヌ女子高等中学校教師に任命されたことになっていた。しかしその通知は彼女に届かず、彼女は最後までこの任命のことは知らなかった。彼女は10月下旬か11月頃に文部大臣宛に出した復職願い（彼女は1938年1月以降、健康上の理由で休職していた）の回答が届かない理由を知るための手紙を出したが、その手紙にも返事は来なかった。彼女は教壇に戻る機会をなくしてしまったのだ。しかしマルセイユでは後の彼女の生き方に大きな影響を与えたとも言える貴重な出会いがあった。彼女はまず前述のペラン神父と出会う。

神父は当時、マルセイユに避難してきていた多くの人々を献身的に世話していた。すでにキリスト教に強い関心を抱いていたヴェイユは神父に対してすぐに信頼と友愛をおぼえるようになり、しばしば神父のもとを訪れた。彼女は神父と宗教上のさまざまな問題について語り合った。彼女が神父に出した6通の手紙はキリストを強く求めながらも「キリスト教」（カトリシズム）の様々な点に疑問を抱いた彼女の精神を理解する上で重要である。

さて、当時のヴェイユは、農業労働者として働くことによってその条件を知りたいと望んでいた。工場体験の後、今度は農場体験をしたいと望んでいたのである。ペラン神父にもそのための取り計らいをしてくれることを期待していた。そこで神父は、アルデシュ県に農場を経営していた哲学者ギュスターヴ・ティボンを紹介した。「哲学のアグレジェなるものにあまり信をおいていなかった」ティボンは彼女とかかわることに気が進まなかったという。しかし神父からの手紙が着いた数日後、ヴェイユはティボンのもとへやってきた。彼女は一日の仕事がすむと、ティボンにプラトンの偉大な

第1章 「小さきもの」への献身 ―シモーヌ・ヴェイユの生き方―

作品の解説をした。村の子供たちに算数の初歩を教えた。そこで数週間を過ごした後、彼女は本物の農業労働者の境遇を分かち合うため、他の農家に働きに行く決心をした。ティボンは彼女が隣村の大地主のブドウ摘み作業班に雇い入れられるように取り計らった。彼女はそこで一ヶ月以上働いたが、「頭痛がひどく、しばしば悪夢の中で働いているように感じるほどだった」という。このような体験を行った後、彼女はマルセイユに戻った。ティボンは後に彼女が彼に委ねた手記から抜粋した文を編集したが、それは『重力と恩寵』(*La Pesanteur et La Grâce*) という題で出版されることになる。[33]

さて、その頃ヴェイユの兄は一足先にアメリカに渡り、両親や妹も呼び寄せたいと願っていた。彼女はヨーロッパから離れることをためらっていたが、いったんニューヨークに渡った後、イギリス経由でフランス被占領地域に再潜入することを考え、両親とともに1942年5月にマルセイユからアメリカのニューヨークに向けて出発することになった。しかしその出発は、フランスの不幸を思って心を痛めていた彼女にとって、「根こそぎ引き抜かれるようなこと」であった。

1942年7月、ニューヨークに到着したヴェイユは、当地からロンドンに渡ることが大変難しいことを知った。それでも彼女は何とかイギリスのヴィザを入手し、1942年11月ロンドンに到着した。そして彼女は当時ロンドンに本部があった「自由フランス政府」に合流した。彼女はフランスで危険な任務に就くことを願っていた。しかし病弱で一目でユダヤ人とわかる彼女にはそれが許されるはずがなかった。そこで彼女が与えられた任務は、戦争終結後のフランス再編成計画案を起草することであったのだ。

【註】
(1) 不可知論とは、人間は経験を超えたものを知ることはできず、知識の対象にはなり得ない、とする理論。
(2) ベルナノス（Georges Bernanos 1888〜1948）はスペイン系の家庭に生まれたフランスの作家。『月下の大墓地』(*Les Grands cimetières sous la lune*) で、スペイン市民戦争とそれを支持した教会とを厳しく批判した。ヴェイユは、彼の作品に大きな感銘を受けた、と手紙に書いている。
(3) Simone Weil, *Écrits historiques et politiques*, Collection Espoir, fondée par Albert Camus, Gallimard, 1960. p.224.
＊この引用文は手紙の一部であるので、「です・ます」調で訳している（以下同様）。
(4) アラン（Alain、本名Émile Chartier 1868〜1951）はフランスの哲学者。平和主義者として名高い。リセ（高等中学校）の教授を長く務めた。『幸福論』(*Propos sur le bonheur*) や『スタンダール』(*Standhal*) など多くの作品がある。
(5) シモーヌ・ペトルマン著、杉山毅訳『評伝シモーヌ・ヴェイユⅠ』勁草書房、2002年、46ページ。
＊本書の第2部第1章では、ヴェイユの論文や手紙とともに、シモーヌ・ペトルマンの著書『評伝シモーヌ・ヴェイユⅠ』、『評伝シモーヌ・ヴェイユⅡ』をもとに彼女の生涯を辿り、思想形成の過程について記述している。
(6) Simone Weil, ŒUVRES COMPLÈTES Ⅰ, *Le Beau et le Bien*, Gallimard, 2010. p.71.
(7) Simone Weil, *Attente de Dieu*, Fayard, 1966, p.36.
(8) *ibid.*, p.36.
(9) 『評伝シモーヌ・ヴェイユⅠ』、85ページ。
(10) 同書、85ページ。
(11) 同書、85ページ。
(12) ヴェイユは、オセールの高等中学校に勤務していたときには、教授資格取得者（アグレジェ）の特権に反対して闘い、その給料が他の教官達のそれを上回らないことを要求する、という目的で組合を結成したいと述べていたという。

第1章 「小さきもの」への献身 ―シモーヌ・ヴェイユの生き方―

(13) 『評伝シモーヌ・ヴェイユⅠ』、164ページ。
(14) トロッキー（Leon Trotski〈本名は Leib Davidovich〉1879～1940）はロシアの革命家。ロシア革命後、レーニンの片腕として活躍したが、レーニンの没後、スターリンとの権力争いに敗れた。1929年国外に追放され、1940年に亡命先のメキシコで暗殺された。なお、トロッキーが中心となって1938年に結成された国際共産主義組織のことを「第四インターナショナル」という。
(15) シモーヌ・ペトルマン著、田辺保訳『評伝シモーヌ・ヴェイユⅡ』勁草書房、2002年、41ページ。
(16) Simone Weil, *La Condition Ouvrières*, Collection Espoir, Gallimard, 1951. p.92.
(17) *ibid*., p.138.
(18) ヴェイユがペラン神父に出した6通の手紙は、『神を待ち望む』(*Attente de Dieu*) 所収。
(19) Attente de Dieu, pp.41-43.
(20) Simone Weil, ŒUVRES COMPLÈTES Ⅰ, *D'une antinomie du droit*, p.257.
(21) ヴェイユは、自己否定によって奴隷の姿をとる、というあり方の模範を神に見出している。『神の愛についての雑感』で彼女は聖書の言葉に基づいて次のように述べている。「創造者としての神は、その創造という行為を通してみずからの神性を脱ぎ去った。奴隷の姿をとった」(Simone Weil, *Pensées sans ordre concernant l'amour de Dieu*, Gallimard, 1962, p.35)。なお、このような神の「自己否定」については、本書の「第4章　真の神［１］実在としての神」でも取り上げている。
(22) 『評伝シモーヌ・ヴェイユⅡ』、59ページ。
(23) *Écrits historiques et politiques*, p.221.
(24) *ibid*., p.221.
(25) *ibid*., p.224.
(26) カミュは『反抗的人間』の中で、キリスト教と結びついたギリシャ思想が生み出した人物として聖フランチェスコに言及したが、ヴェイユもまた、清貧に生き、自然を深く愛した彼に強い共感を抱

いた。そして次のように述べている。

「私は聖フランチェスコを知るとすぐに彼に夢中になりました。彼が自由に入っていった放浪と物乞いの境遇に、運命がいつの日にか私を押しやるのであろうことを常に信じ期待しました」(*Attente de Dieu*, p.40.)。

「彼（聖フランチェスコ）の詩は、詩としても完全であったばかりでなく、彼の人生全体が、活動した生きた完全な詩であった」(*Attente de Dieu*, p.149.)。

(27) *Attente de Dieu*, p.43.
(28) 序文でも記したように、ヴェイユはすべての著書で、イエスのことを「救い主」を意味する普通名詞の「キリスト（Le Christ）」と表現しているので、この論文中でも「キリスト」と表現する。
(29) *Attente de Dieu*, p.43.
(30) この「愛」は、ジョージ・ハーバート作の次の詩である。

愛

愛は私を歓迎した。
しかし私の魂は後ずさりした。
罪にまみれた灰燼に帰する身であるからだ。
だが、めざとい愛は、すでに入り口でためらっている私を見て、
私に近づき、優しく私に尋ねた。
何か不足しているものがあるのですか、と。

私は答えた。この場にふさわしい客がいないのです、と。
愛は言った。あなたがその客になるのです。
何ですって、意地悪く、恩知らずなこの私がですか。
私はあなたを見ることすらできないのです。
愛は私の手を取ってほほえみながら答えた。
誰がその目をつくったのですか、この私でないとしたら。

主よ、その通りです。しかし私はそれを汚してしまいました。
私のような者は、それにふさわしい場所に行けばよいのです。

第 1 章 「小さきもの」への献身 ―シモーヌ・ヴェイユの生き方―

愛は言った。あなたは知らないのか、その責めを負った人を。
主よ、お仕えします。
愛は答えた。お座りなさい。私のもてなしを受けなさい。
そこで私は座ってそれをいただいた。

＊この「愛」は『神を待ち望む』（*Attente de Dieu*）の中に引用されている、フランス語訳の「*Amour*」を林が日本語に訳したものである。

(31) 第二次世界大戦勃発後、ヴェイユは「第一線看護婦部隊編成計画」を執筆した。これは戦場の中に、看護婦を派遣し、負傷兵士の治療にあたらせようとする計画で、彼女自身もその活動に加わりたいと望んでいたと言われている。彼女の自己犠牲を求める精神の発露をそこに見ることができるが、「自由フランス」を率いたド＝ゴール将軍はその計画を読んで、「気違い沙汰だ」と言ったという。
(32) 『評伝シモーヌ＝ヴェイユⅡ』、277 ページ。
(33) ヴェイユがティボンに委ねた手記全体は、『カイエ』（*Cahiers* Ⅰ, Ⅱ, Ⅲ）として出版されている。

第2章　社会集団と偶像崇拝

[1] 国　家

　ヴェイユは、1942年11月にロンドンに到着し、「自由フランス」に合流したが、その翌年の8月にはその地で生涯を終えることになる。この短い期間に彼女はたいへん多くの作品（文書）を執筆している。その一つが彼女の代表作の一つと言える『根を持つこと[1]』である。第2章では、彼女の初期の論文からこの『根を持つこと』に至る諸作品の分析を通して、「神」と「偶像」についての概念を中心に、彼女の思想の本質に迫ってみたい。
　戦争による殺戮、植民地住民や労働者などに対する不当な弾圧などこの世界の様々な悪を目をそらさずに見つめ続けたヴェイユは、その悪を生み出す原因について考察した。そして彼女はその一つを偶像崇拝に見出した。
　偶像崇拝とは、「モーセの十戒」などに書かれているとおり、一般的には、「刻んだ像を造り、これを崇拝する行為」とされている。しかし彼女は、「だれも刻まれた木材の一片の前に立って〈あなたが天と地を造ったのです〉などと言うことはできない」として、「彫像などは、ある種の偶像崇拝を防ぐ保障になる[2]」と述べている。
　ヴェイユがより大きな危険性を見出した偶像崇拝は、絶対化・神格化されたこの世の対象や人間が抱く神についての誤った観念を崇拝することなのだ。
　偶像崇拝の対象になりやすいのは社会集団である。ヴェイユは、社会的集団において生み出される集団的情熱というものを、「いか

なる個人的な情熱よりも無限に強力な罪と虚偽への推進力[3]」であるとしている。彼女が特に問題とした社会集団は国家と政党である。まず国家について考えてゆきたい。

　ヴェイユがロアンヌ女子高等中学で哲学を教えていた時の教え子の一人であるアンヌ・レーノーは、ヴェイユの講義ノートを保存し、それは後に出版されることになる。その講義ノート（『シモーヌ・ヴェイユ哲学講義』）の第2部第2篇第5章は「国家（L'ÉTAT）についてのいくつかの考え方」という題がつけられている。ここでは、マキャベリやルソー、マルクスとレーニンなどの国家についての思想が紹介されるとともに、現実のさまざまな国家の状況が説明されている。その中に「ファシズムの国家」という項目がある。最初は〈ムッソリーニ〉である。ムッソリーニが率いていた当時のイタリアの体制を動かす力は、「献身、犠牲、《全き自己犠牲》」であるという。すなわちファシズムの国家においては、「すべては国家の中にある」ので、国民はひたすら国家に献身することが求められるようになるというのだ。

　さらに〈ロシア〉も取り上げられている。この〈ロシア〉とは、革命前の帝政ロシアではなく革命後のソ連のことである。そこでも《完全な犠牲》が求められているという。ではそれは誰のための犠牲なのか。「最初は労働者階級のためだと言われたが、今では国家（l'État）のため」である。「インターナショナリズムがナショナリズムに変化」したというのである。そして《ドイツ、イタリア、ロシアに共通する特徴》は献身と自己犠牲の道徳であると断定されている。そしてロシアの全体主義について次のように批判されている。

　そこにはただ一つの政党、政権党しかなく、ほかの全ての政

党は牢獄につながれています。この政党の中に多数派ができると、少数派は党内の分派と見なされます（トロッキー）。ただ一つの新聞、ただ一つの文学しかありません。ロシアでは、マルクスとレーニンは過激思想です。教育は国家とは無関係と思われるものまでも（生物学）、もっぱら国家の管理下に置かれています。ロシアでは、『洗脳』と『狂信』に加えて『工業化』が進行しています。

　『結論』このような国家は最悪の国家（Cet État est le pire des maux）です。

　当時のファシズムの国家では、その体制への批判を許さず、それ自体が至高の価値をもつ存在と見なされ、国民にそれへの献身、完全な自己犠牲を強制する。「社会主義国家」ロシア（ソ連）も実は体制的には対極にあると見なされていたファシズム国家と同質の全体主義国家である。そしてそれらの国家が糧にしていたものはまさしく偶像崇拝である。「ドイツは偶像崇拝を糧として生きていた。ロシアはもう一つ別の偶像崇拝を糧として生きていた」のである。またロシア（ソ連）では大工業が崇拝され、国民がそのために犠牲にされている。従ってそれは「最悪の国家」であるというのだ。

　ヴェイユは、失業者や植民地の人々など、「小さく弱きもの」のためには自ら進んで犠牲になろうとした。しかし彼女は偶像のために人民に犠牲を強いるようなことは決して認めなかったのだ。そして注目したいことは、社会主義国家（ソ連）に対する幻想が特に左翼陣営の間で顕著に見られた1930年代前半の時点ですでにヴェイユはソ連の本質を見抜いていたことである。彼女は労働問題に大きな関心を抱き、労働者や失業者の側に立って活動を続けていたが、ソ連については、それを労働者のための国家ではなく、当時のイタ

第2章 社会集団と偶像崇拝

リアやドイツと同様の偶像崇拝を糧とした全体主義国家であると見なしていた。彼女は、『カイエ』の中でも「民衆のアヘンは、宗教でなく革命である[6]」という言葉を述べ、ロシアで実現したような社会主義革命は決して人民を解放する革命ではない、という考え方を明瞭に示している。そのような革命理論やその革命によって形成された既成社会主義国家（ソ連）に対する厳しい見方はすでにこの時期に形成されていた[7]。そのような見方も、彼女が、共産主義思想には関心を抱いても、共産党員にはならなかったことの理由の一つとして考えることができる（当時のフランス共産党はソ連の政策を支持する傾向が強かった）。

ロシア（ソ連）の全体主義的な体制に対するヴェイユの厳しい批判は、同じ頃に書かれた『展望：我々はプロレタリア革命に向かっているか』でも展開されている。そこではロシア（ソ連）についての次のような記述がある。

> 実際の出版の自由はなく、印刷、タイプ、手書き原稿の形で、あるいは単なる言葉によってさえ、流刑の危険を冒さずに自由な判断を表現することは不可能である[8]。

> ソビエト制度の枠内での政党の自由な活動はなく、〈権力をもった一党と獄中にある他の全ての政党〉がある[9]。

> 各労働者が経済的にも政治的にも官僚階級の意のままに動かされているというのに、〈労働者国家（État ouvrier）〉と呼ぶということは悪い冗談にも似たことである[10]。

『シモーヌ・ヴェイユの哲学講義』では、偶像崇拝を糧にして

いる国家をきびしく批判する言葉が見られるが、ヴェイユがロンドン到着後に書いた『根を持つこと』においては、「根こぎ」（le déracinement）という現象について考察することを通して改めて国家のあり方が問われるとともに、祖国フランスを含む根こぎにされた国家における偶像崇拝が指摘されている。

　この論文で彼女は、国を主に État（政治的な意味における国家）と nation（民族集団としての国家・国民）という観点からとらえ直し、その意義と問題点についてより具体的に記述している。また、ファシズム国家ドイツによる祖国占領という現実を前にして、その原因を分析するとともに、国家に対して私たちが取るべき態度というものを示している。

　『根を持つこと』の第一部「魂の要求するもの」ではまず、「義務の観念は権利の観念に優先」し、義務のみが無条件的であるとされている。この点においてヴェイユの思想はカントの哲学（人間にとっての真の自由は、良心に従い、義務を果たすことであるとされた）との同質性がある。ではどのようなことが人間に義務として課されるというのであろうか。ヴェイユはまず「自分に相手を救ってやる機会がある場合、その人間を飢えの苦しみに放置しないことは人間に対する永遠の義務である[11]」と述べる。集団に対して敬意を払うことも義務である。なぜなら祖国や家族などの集団は人間にとって魂の糧であるからである。

　過去に根を下ろし、そして現在から未来へと持続する集団、それは偶像とは違って人間にとって魂の糧としてかけがえのないものであり、きわめて高い段階の敬意に値する、とヴェイユは考えるのだ。

　第一部では、人々を飢えの苦しみに放置しないということや敬意に対する義務のほかに、秩序、自由、服従などが魂の要求するものとして取り上げられている。

第2章　社会集団と偶像崇拝

　第二部のテーマは「根こぎ」である。そこでは最初に「根付くということ（l'enracinement）は、多分人間の魂の最も重要な要求であると同時に、最も無視されている要求である」と書かれている。「人間は誰でもいくつもの根をもつ要求を抱いている。つまり、道徳的、知的、霊的生活のほとんどすべてを、彼が自然なかたちで参加している環境を介して受け取ろうとしている要求をいだいている」というのである。しかし実際には、「軍事的征服が行われるたびごとに根こぎの現象が見られる。その意味で、征服はほとんど常に悪である」という。

　次にヴェイユは、その根こぎの例をいくつか取り上げている。

　　ローマ人は一握りの亡命者にすぎず、それが人為的に寄り集まって都市をなしたのである。彼等は地中海地域の諸住民から、彼らの固有の生活、彼らの祖国、伝統、過去を奪い去ったが、それがあまりに徹底的だったので、子孫たちは彼等自身の言葉を信じてローマ人をこの地域における文明の創始者と見なしてしまったのである。ヘブライ人は脱走した奴隷だった。彼等はパレスティナ地方の全住民を駆逐するか、隷属状態に陥れるかしてしまった。ドイツ人は、ヒトラーが彼等を掌握した当時、彼自身が絶えず繰り返していたように、プロレタリアートの国家（une nation de prolétaires）すなわち根こぎにされた者たちの国家だった。1918年の屈辱、インフレ、極端な工業化、特にこのうえなく深刻な失業の危機が、極度に悪化した道徳的病患を彼等のうちにもたらし、それが彼らの無責任な態度をもたらした原因となったのである。スペイン人やイギリス人は、16世紀以降、有色人種を虐殺したり、奴隷化したりしてきたが、彼等のほとんどは、母国の深みのある生命とは接触を持たない冒

険家たちだった。フランス植民地の一部に関しても同じことが言える。とにかくそれらの地域は、フランスの伝統の生命力が弱まった時代につくられたものである。根こぎにされたものは他を根こぎにする。根を下ろしているものは、他を根こぎにすることはない[15]。

他国や他民族を征服し、侵略した者、すなわち他者を根こぎにした者は、彼等自身根を下ろしていない者であったとヴェイユは考える。また、彼女によると、第二次世界大戦におけるフランスの敗退という事実もまた根こぎが原因であった。「ドイツにおいては根こぎが攻撃的な形態を取ったが、フランスにおいては仮死状態と茫然自失の形態を取った[16]」というのだ。ヴェイユは、フランスの根こぎは17世紀前半のリシュリューの時代にはすでに始まっていたが、ルイ14世の治世下でそれは一気に加速したと考える。そしてその頃には、「君主によって代表される国家（l'État）への偶像崇拝は、一切のキリスト教的良心に対する挑戦である軽率な態度で組織化されていった[17]」。という。

ただ、ヴェイユは「18世紀は一つの小康状態（une accalmie）」であったと考える。18世紀というと大革命の時代である。この時代は、「国王の代わりに国民の主権というものを持ち出してきた」。「この時代にフランス人であるということは主権者たる国民（la nation souveraine）であることであった[18]」からである。

またこの時代においては、nationという語は主権者たる民衆を指していた。そして当時の愛国心は「自分がその一部をなしているという誇りの上に大きく基礎づけられた、この国民主権に対する愛であった[19]」。しかし実際には、その国民の主権なるものは存在していなかった。すなわち「国民の主権」というものは幻想にすぎなかっ

た。そしてその幻想が明らかになった時、愛国心はその意味を変え、国民主権を愛することではなくなり、根こぎにされた国家（l'État）を愛することになってしまった。しかしそうした政治的な意味での国家は、王権がそうであったように、民衆からしばしば憎悪の目を向けられるものである。

　それでも「1940年まで、忠実が国家（l'État）に対して拒否されなかった」[20]。ヴェイユはその原因の一つとして大革命以後のフランスにおける政教分離という政策があると指摘する。この政策の実施によって、「宗教は私的問題であるという宣告が下されてしまった」。「私的なものになったために、宗教は公的事項につきものの義務的性格を失い、その結果、忠実に対する確かな資格を失ってしまった」。そこで「忠実を示すことができるものとしては国家（l'État）以外には何もなくなってしまった」[21]。「人間はまた、犠牲のために生まれてきたということを感じている。ただし、民衆の想像力の中には、軍事的犠牲、つまり国家（l'État）に捧げられた犠牲以外の犠牲の形態はもはや残されてはいない」[22]という状況に至った。国家が人間の唯一の献身の対象として残されることにより、国家は偶像崇拝の対象になったとヴェイユは考えるのだ。

　　われわれは奇妙な現象を目撃することになった。すなわち、憎悪と反発と愚弄と軽蔑と恐怖との対象である国家（un État）が、祖国の名の下に、絶対的なる忠実、全面的な献身、最高の犠牲を要求し、しかも、1914年から1918年に至る間、すべての期待を上回る度合いにおいてそれらを獲得したのである。国家は、この世界における絶対的価値として、すなわち偶像崇拝の対象としてあらわれ、また、そのようなものとして受容され、奉仕され、恐るべき多数の人間の犠牲によって崇敬さ

れた。愛のない偶像崇拝—これ以上に奇怪で悲しいものがあるだろうか。(23)

　国家は決して神ではない。いつでも善と悪とが入り混じっている。にもかかわらず、そのような国家を絶対化・神格化し、それを崇拝すること、そして人々にそれへの全面的な献身を要求すること、それはまさしく偶像崇拝である。(24)

　1940年以前には、〈永遠のフランス〉について語ることが流行した。しかしその言葉は一種の冒涜である。「フランスが嘘をつき、不正義を犯すという事態は、かつて起こったし、現在も起こっているしまた将来も起こるであろう」(25)。1789年の大革命の時、「フランスは諸国民の希望となった」。ところがそのわずか「3年後には戦争の道を歩み出し、最初の勝利の後、たちまち解放の遠征は征服の遠征にすり替わってしまった」。「ナポレオンは世界に恐怖と戦慄とを与えたという点でヒトラーに匹敵していたし、正しく言えばそれ以上だった」(26)。

　さらに19世紀にはイギリス人の模倣である植民地帝国を作り出し、「フランスという名は少なからざる有色人種の心の中で、今や考えることさえ耐えられないような感情と結びついている」(27)。フランスは、平和なヴェトナムを征服によって奪い取ってその文化を抹殺した。アフリカでも現地の人々に大きな犠牲を強いてきた。

　戦争に勝利を収め、次々に領土や植民地を拡大していく強き祖国の姿に輝かしい栄光を見た人々は多い。しかし鋭い良心をもち、常に弱き者への大きな共感を抱き、彼らの立場に立って考えようとしたヴェイユの目にはそのような「強き」祖国の姿は許しがたい侵略者に映った。そしてその祖国を最高の価値を有するものとして崇拝することは偶像崇拝に他ならないと考えた。ただ、祖国は今やドイ

第2章 社会集団と偶像崇拝

ツ軍に占領され、存亡の危機に陥った。祖国は「弱き」もの、いつくしみ守ってやらなければならない存在になった。そうした状況の中でヴェイユは祖国のためにはどんな危険な任務にもつこうとした。「脆弱さに同情を抱くことは、常に真の美への愛と結びついている」と彼女は考えるのだ。

「フランスの実在性は、その不在によってすべてのフランス人に感じ取られるようになった」とヴェイユは述べる。そして「危急存亡の場合に祖国を救う義務はやはり無条件の義務」であり、「フランスのために死ぬ」ということは1918年以来失われていた調子を取り戻したのだ。

しかしどれほど祖国が貴い存在であっても、それを決して偶像視してはならない。フランスは「地上的現世的な一事実」であることを忘れてはならない。祖国は「十分明晰に認識される一つの地位」を有している。ただしそれは「限定された従属的な地位を占めている」にすぎないのだ。非常時においても、祖国を取り巻く状況を客観的に分析しようとするヴェイユの冷静さは特筆すべきである。

祖国を愛することの意義を強調しながら、祖国が犯したあやまちを鋭く指摘し、愛国心を一定の限界内におくというヴェイユの思想は、カミュが示した「限界の思想」と同質性があると言える。いずれもこの世界の相対的なるものの絶対化、すなわち偶像崇拝を厳しく戒め、それを一定の限界内で愛する(尊重する)思想である。

ただ、カミュとヴェイユの間には違いもある。渡辺一民氏は、フランスが占領されていた時代に、占領する側のドイツだけではなく、占領され、それに抵抗する側のフランスの問題をも指摘しえた思想家(作家)としてベルナノスとヴェイユを挙げる。そして彼らと、『ドイツ人への手紙』において、ドイツの問題のみを指摘したカミュとの違いについて次のように述べている。

抵抗する主体の側の問題を回避するところに成立した『若い
ドイツ人の友への手紙』ほど、ベルナノスの『イギリス人への手
紙』、あるいはヴェーユの『根を持つこと』ときわだった対照を
なすものはない。つまりベルナノスもヴェーユも、カミュとは
違って、つねに主体の側の個別的問題から出発するところにおの
れの時代に対する忠実さのあかしを見ていたのであって、ことさ
ら普遍的命題のみを論ずることなど絶えてなかった。ナチスその
ものの悪についての言葉を彼らの書物のなかに見出すことさえ、
ほとんど困難なほどなのである。そうして彼らが全篇を通じてい
くたびとなく繰り返すのは、屈辱のうちにあるフランスの苦しみ
についてであり、そのような破滅をもたらしたフランスの過去の
過誤にたいする断罪の言葉の数々にほかならぬ。[30]

　ヴェーユは、ドイツとの戦いで大切なことは、根こぎにされた国
家を別の根こぎにされた国家が倒すということではなく、かけがえ
のない貴い存在ではあるが、あやまちも犯す祖国の姿を正しく認識
しつつ、それが「事実として、生命の糧を与える存在となり、実際
に根付きの土壌となるように努力する」ことであり、「フランスを
援けて真の霊感を見出させてやること」であると考えたのだ。
　カミュは、この『根を持つこと』について、次のように好意的に
紹介している。

　　私の見方によれば、これは戦後あらわれた最も重要な書の一
　　つであり、ヨーロッパがその中で格闘している孤独の上に最も
　　強い光を当てている。[31]

第2章　社会集団と偶像崇拝

　　［２］政　党

　ヴェイユは、『政党全廃に関する覚え書き』[32]で政党が持つ問題点を集中的に論じている。そこでは彼女は、まず集団的情熱というものに注目し、その危険性を明らかにするためにルソーの『社会契約論』に言及している。この著書の中で特に重要な観念は一般意志であるが、彼女はそれを適用しうるにはいくつかの不可欠な条件があるという。その中で特に重要な条件の一つが「人民が自分たちの意欲を意識し、それを表明する場合、そこにはどのような種類の集団的情熱も関わらせてはいけないということである」。なぜなら、前述したように、「集団的情熱は、いかなる個人的情熱よりも無限に強力な罪といつわりへの推進力である」からだ。この集団的情熱について彼女はさらに次のように説明している。

　　もしたった一つの集団的情熱が一国民全体をとらえるならば、その国全体は一致して罪を犯すことになる。もし、二つ、四つ、五つ、あるいは十の集団的情熱が国民に分け与えられるとすれば、国民はいくつかの犯罪者の集団に分割されるのである。次第に分散していくもろもろの情熱は、大衆にとけ込んだ数限りのない個人的情熱のようには中和されない。中和が行われるためには、その数は少なすぎるし、それでいて個々の情熱の力は強すぎるのである。抗争がそれらの情熱をいっそう激化させる。情熱はまさに地獄のような物音、たとえ一瞬たりとも、正義と真理の声（いつもほとんど聞き取れないものであるが）を聞くことすらできなくするような物音をあげて衝突し合うのである。[33]

では、このような集団的情熱を国民の中に広めないようにするにはどうすればよいのだろうか。ヴェイユは、「どのような解決策も、まず政党の廃止を前提とするものとなる」(34)と考える。「政党は集団的情熱をつくり出す機械」であるからだ。

本来政党は公益のために存在する。しかしその公益に対して効果的に奉仕するために必要な条件は、政党が大きな権力を持つことであるとされる。特に一度その権力を手に入れてしまった政党は、その機能を十分に発揮するためには、権力の維持や増大が必要であると強く主張する。そこであらゆる政党の第一の目的が、際限なく、自己の勢力を拡大することになる。すなわち政党自身が目的となる（自己否定をせず、自分自身を拡大させる〈自分の利益を増やす〉ことを第一の目的とすることは「偶像」の大きな特徴の一つである）。しかしこの世で真の目的になりうるものは善のみであり、もし私たちが善以外の基準を持つならば、善の観念を失ってしまうことになる。特に政党の成長が善の基準になると、人々の思考に政党の集団的圧力が加わることは避けられない。政党は集団的情熱をつくり出し、偶像崇拝の対象になるのだ。ヴェイユは、「政党は魂の中にある真理と正義の感覚を抹殺するように公然と公式に作られた組織である」(35)と考えるのだ。

【註】
(1) 『根を持つこと』(*L'Enracinement*) は、ヴェイユが自由フランス政府の内務委員会からの依頼で書いた論文である。これは「人間の義務に関する宣言のためのプレリュード」という副題を持ち、解放後のフランスの未来などについて論じている。
(2) Simone Weil, *La Connaissance surnaturelle*, Collection Espoir, Gallimard, 1950. p.171.
(3) Simone Weil, *Écrits de Londres et dernières lettres*, Collection Espoir,

Gallimard, 1957. p.129.
（4） Anne Reynaud, *Leçons de philosophie de Simone Weil*, Librairie Plon, 1959.p.165.
（5） *Écrits de Londres et dernières lettres*, p.105.
（6） Simone Weil, *Cahiers* Ⅲ , plon, 1975. p.238.
（7） ヴェイユは『マルクス主義の矛盾について』(*Sur les contradictions du marxisme*)〔『抑圧と自由』(*Oppression et liberté*) 所収〕。では、マルクス批判の文脈の中で、「国家（l'État）という機械によって行われる抑圧は、大工業によって行われる抑圧とからみあって」おり、「革命によっては廃止され得ない」と述べている（p.198.）。
（8） *Oppression et liberté*, Collection Espoir, Gallimard, 1955. p.14.
　＊『展望：我々はプロレタリア革命に向かっているか』(Perspectives: *Allons-nous vers la révolution prolétarienne?*) は、『抑圧と自由』所収。
（9） *ibid.*, p.14.
（10） *ibid.*, p.15.
（11） Simone Weil, *L'Enracinement,*Gallimard, 1949. p.12.
（12） *ibid.*, p.45.
（13） *ibid.*, p.45.
（14） *ibid.*, p.45.
（15） *ibid.*, pp.48-49.
（16） *ibid.*, p.49.
（17） *ibid.*, p.105.
（18） *ibid.*, p.98.
（19） *ibid.*, p.99.
（20） *ibid.*, p.113.
（21） *ibid.*, p.112.
（22） *ibid.*, p.113.
（23） *L'Enracinement,* p.113.
（24） ヴェイユは「真の偶像崇拝の対象は必ず国家（l'État）に類似したもの」だという。彼女は根こぎされた集団としての国家（l'État, la nation）の危険性を指摘する。しかし彼女は、過去に根を下ろして、未来へと続く集団としての国（le pays）には高い価値を認めている。

『カイエ』には次のような言葉がある。
「国家（une nation）は慈悲の対象になりえない。しかし永遠の伝統を保持するものとしての国（un pays）はその対象になりうる」（*Cahiers* Ⅲ, p.133）。

(25) *L'Enracinement*, p.129.
(26) *Écrits historiques et politiques*, p.13.
(27) *L'Enracinement*, p.130.
(28) *L'Enracinement*, p.148.
(29) *ibid.*, p.139.
(30) 渡辺一民著「最後の神話について」（『シモーヌ・ヴェイユ著作集Ⅴ』所収〈332ページ〉）。
(31) Albert Camus, ŒUVRES COMPLÈTES Ⅲ, *L'Enracinement de Simone Weil*, Gallimard, 2011. p.864.
(32) 『政党全廃に関する覚え書き』（*Note sur la supression générale des partis politiques*）は、『ロンドン論集と最後の手紙』（*Écrits de Londres et dernières lettres*）所収。
(33) *Écrits de Londres et dernières lettres*, p.130.
(34) *ibid.*, p.131.
(35) *ibid.*, p.135.

第3章　キリスト教と偶像崇拝

　社会的集団はしばしば集団的情熱をあおりたてる。またその集団や集団を支える思想・イデオロギーなどがしばしば絶対化され神聖なものとみなされるようになる。すなわち偶像崇拝の対象になる。そのような社会的集団の例として国家や政党が挙げられるが、ヴェイユは教会も同様であると考える。工場体験以降、彼女はキリスト教に対する関心を急速に高めていき、たびたび教会や修道院などを訪れているが、教会（カトリック教会）の行動や教義にはさまざまな疑問を抱くことになる。第3章では、ヴェイユがカトリック、さらにはキリスト教そのものに対して発したさまざまな問いについて偶像崇拝の問題を中心に考えていきたい。なお、この第3章から第7章までは、1941年頃から1943年にかけて集中的に執筆された『神を待ち望む』、『超自然的認識』、『前キリスト教的直観』、『カイエ』、『神の愛についての雑感』、『根を持つこと』、『ある修道士への手紙』、『ロンドン論集と最後の手紙』等に収められている諸論文に基づいた考察となる。

［1］社会的集団としてのカトリック教会への問いかけ

　20歳代半ばころまでのヴェイユは、キリスト教について一定の共感を示していたもののその教えを自らの生き方の核に据えることはなかった。しかし前述したように彼女はその後3回のキリスト教（カトリシズム）との接触を経験した。そこで彼女は、「キリスト教とは、すぐれて奴隷たちの宗教であることを、そして奴隷たちは、とりわけ私は、それに身を寄せないではおれないのだという確信を

得た」。

　ヴェイユは、キリスト教とは、最も厳しい圧迫を受け、権利と尊厳を剥奪された、いわば奴隷のような境遇にある人々のための宗教であることを理解した。ヴェイユ自身は中産階級出身の教師であったが、彼女が工場でそのような人々とともに働くことによってその不幸や苦しみを知り、彼女自身が工場から出た後も、その不幸・苦しみを永遠に自分のものとして受け止め、彼らとともに生きようとするようになった。ファシズムと同様に「偶像崇拝」におちいりやすい共産主義政党や社会主義国家に幻滅し、そのようなものが人民を真に解放するものではないことを理解したヴェイユにとって、彼女が「奴隷」とも表現した「小さき者」に無償の愛を注いだキリストを救い主として仰ぐキリスト教は暗闇の中に輝く光のような存在であったと考えられる。

　また、初めて彼女より「強い何ものか」が彼女をひざまずかせた。そして、「キリスト自身が下ってきて」彼女をとらえた。彼女は、人間の内面において人間の意識や意志を超えて人間を動かしてゆく強い精神的はたらきを感じ、それを神（キリスト）としてとらえた。そして彼女はキリスト教を生き方の基本にすえるようになる。マルセイユ時代に彼女と出会ったティボンは次のように語る。

　　　彼女は全精神をうちこんでキリスト教に心を開き始めた。一点のくもりもない神秘主義が彼女から放散した。私はこれほどまでに親しく宗教的な秘儀と触れ合っている人間をついぞ見たことがなかった。[1]

　こうしてキリスト教に強く惹かれていったヴェイユは、洗礼を受けることを真剣に考え始めた。しかし彼女が洗礼を受けるには解決

第3章　キリスト教と偶像崇拝

すべき課題が大変多く存在した。彼女はカトリック教会のあり方やその教義についてさまざまな疑問を抱いていたからである。

前述したように、ヴェイユは1942年1月から5月までペラン神父に6通の手紙（『ペラン神父への手紙』）を出した。そこでは教会の社会的性格を中心に彼女が洗礼を受けるにあたって問題となっている点などが説明されている。まずこのような教会をめぐる問題点について考察していきたい。

彼女は教会の社会的性格について次のように述べている。

> 私を恐ろしがらせますもの、それは社会的なものとしての教会です。単に汚れているからというのではなく、教会は何よりも社会的性格を持つものであるという事実ゆえなのです(2)。

また、ヴェイユは教会と党派との類似性を指摘する。

> 政党に固有の霊的、精神的な抑圧のメカニズムが、異端との闘いの中でカトリック教会の手によって歴史の中に導入された、ということを認めなければならない(3)。

教会が一つの社会的集団として権力を持つことで、政党などと同様に異質なものを抑圧し、排除しようとする力がはたらくことになる。そのような抑圧的なはたらきは、人の心の中にある真理を求める精神を窒息させてしまう。また「聖なるものの悪しき代用品」を作り出し、国家や政党と同様に偶像崇拝の対象になるとヴェイユは考える(4)。

そして彼女は実際に教会や教会が派遣した布教者などが、異端者や異教徒に対して行った悪を指摘し、それらを厳しく批判する。

十字軍、もっとも低劣な戦争。⁽⁵⁾

聖者たちは十字軍や宗教裁判を認めました。彼らは間違っていた、と私は考えざるを得ません。⁽⁶⁾

さらにヴェイユは、そうした社会集団としての教会から派遣された宣教師が国家の征服欲と結びついて「新」大陸等で行った暴力を告発する。

キリスト教は、20世紀を経た今日、事実上は白色人種から外に出て行ったことがありません。カトリック教はさらに限られています。アメリカ大陸は、16世紀の間キリストについて聞くことなく過ごしました（しかし聖パウロは「すべての被造物に告げられた音信」と言いました）。そしてアメリカ大陸の諸国民は、キリストを知る時間ができる前に最も恐ろしい残虐行為の中ですでに破壊されていたのです。宣教師の熱意は、アフリカ・アジア・オセアニアをキリスト教化せずに、それらの土地を、冷酷で残酷で破壊的な白色人種の支配下に引き入れてしまったのです。白色人種はすべてをおしつぶしてしまいました。⁽⁷⁾

ヴェイユは、キリストの名を語る教会が実際にはキリストの教えに反し、しばしば偶像崇拝の対象になり、その結果さまざまな悪を行ってしまったことを強く批判するのだ。

[２]「神」と偶像

ヴェイユは、『ペラン神父への手紙』を出した年（1942年）の４月初めには、彼女のことを「異端だと思う」と言ったベネディクト

第3章 キリスト教と偶像崇拝

会修道士ドン・クレマン師に『質問書』⁽⁸⁾を送り、彼女が洗礼を受け、教会に所属するにあたって問題となっている点を5項目に分けて示した。その5項目とは次の通りである。

1　三位一体、御託身、聖体の秘蹟を信じていても、歴史をキリスト教的に理解することに同意できるような可能性を全くもたない人が教会に入ることを正当なこととして考えることができるだろうか（さらにその人が歴史の理解の仕方をたいへん重視し、それについて自分の考え方を述べる機会が訪れた場合、どのようなことがあっても沈黙を守ることができない時）。

2　マルキオン⁽⁹⁾の思想に同意すると必ず破門されるというが、その思想とは正確にはどのようなものか。異教徒と言われる民族の方がイスラエルより優れているというマルキオンの考えに同意する人は破門されるのか。

3　キリスト以前に啓示を伴った御言葉の受肉があり得たこととして、さらにはそれをほぼ確実なこととして認める場合は破門されるのか。聖パウロの言葉に従ってメルキゼデク⁽¹⁰⁾をその一人とみなすこと、古代の神秘の宗教はそのような啓示から生まれ、従ってカトリック教会はその正当な後継者と見なすことは破門されることなのか。

4　次のように考える人は破門されるのだろうか。諸都市を破壊し、人々を虐殺し、囚人たちや子どもたちを皆殺しにするように命じたのは神ではなかった。神をそのような命

令を下した張本人と見なしたことは多神教や偶像崇拝の最も劣悪な形態と比べても比較にならないほど大きな過ちであった。従って捕囚期まではイスラエルは真の神の認識を全く持たなかったということになる。他の大部分の民族のエリートはこのような認識を持っていたのに、と。

5 真の正しい神の認識が、古代の国々や現代のインドのような非キリスト教国におけるよりも、キリスト教国により幅広く広がっているという見解を少なくとも疑わしいものであり、多分間違っていると見なすならばその人は破門されるのか。[11]

　ヴェイユはニューヨークに着いてからもカトリックの教義について様々な人々と語り合った。現地で知り合ったクーテュリエ神父に問いかけた問題については、『ある修道士への手紙』としてまとめられている。その中で指摘されている問題もおおむねドン・クレマン師に出された『質問書』の内容に沿ったものであるが、その項目はさらに細かく分けられ、35項目に及ぶ。ヴェイユがこれらのカトリックの指導者達に投げかけたキリスト教の疑問点について考えていきたい。
　教会は神ではない。それは地上にある社会集団の一つである。しかしそれが神格化されて偶像崇拝の対象になると、その「偶像」のための暴力を伴う行為が正当化されることがある。ヴェイユはこの偶像崇拝にこの世の悪の最大の原因の一つを見た。このほかに彼女が『質問書』や『ある修道士への手紙』などで、やはり偶像崇拝の一つの形として特に大きな問題にしていることは、『旧約聖書』に顕著に見られる力の神に対する信仰である。

第3章　キリスト教と偶像崇拝

　『旧約聖書』などに描かれている神は、「私は」と一人称で自己を主張する人格神である。この神はこの世の一切の創造主でありながら、この世の多くの民族の中からイスラエル（ヘブライ）人を選び、彼らを守り、また彼らに特別の恩恵を与えるためにさまざまな出来事に介入して力を行使する「力の属性」を持った神であるとされている。

　ヴェイユによると『旧約聖書』に描かれている力の神は、本来、イスラエル人の民族的偶像にすぎなかった(12)。ところがイスラエル人はそれを宇宙の創造主たる神そのものであると信じ続けた。そして彼らはそうした信仰によって自分たちが行ったさまざまな悪を正当化していった。

　たとえば、〔ヨシュア記〕や〔出エジプト記〕によると、この神はカナンの土地をイスラエル人のものとして約束した。そしてそれを理由として、イスラエル人がエジプトから帰還した時、そこに暮らしていた異民族に対して戦争をしかけたことや、その戦争で行った大虐殺までもが正当化される。特にこの大虐殺などは神の導きによって行われたとされている。ヴェイユは、「ヤーウェはイスラエルに対して、悪魔がキリストに与えたものと等しい約束をした」(13)と述べる。「神が人間に対して、恐ろしい不正や残酷な行為を命じることがあるのだと信じることは神について犯しうる最大の誤り」(14)であると彼女は考えるのだ。そして彼女は「『旧約聖書』のヤーウェと福音書の中で祈願の対象となっている「父」を同一の存在と見なすことが、理性的精神を持つ人間にとってどのようにして可能となるのか、私には理解できたことがありません」(15)と語っている。

　ヴェイユは『旧約聖書』のすべてを否定したわけではない。その中に〔ヨブ記〕のヨブや〔ダニエル記〕のダニエルなど純粋な人物が描かれていることを認めている。特に義人でありながら大きな不

幸に見舞われるが、それを乗り越えたヨブについては、「完全に立派に堪え忍んだ苦難のはてに、世界美の啓示を受けた」(16)人物として高く評価している(17)。また彼女によると、〔詩篇〕、〔イザヤ書〕、〔知恵の書〕などのある部分にも世界の美しさについての比類のない表現が含まれている。さらに〔詩篇〕の中のメシア、〔イザヤ書〕の中の苦難の義人、〔創世記〕（実際は〔民数記〕）の中の青銅の蛇にキリストの姿が認められる。〔ダニエル書〕、〔トビト記〕、〔エゼキエル書〕の一部分もキリスト者に同化しうるものである。しかしイスラエルが、カルデア、ペルシャ、ギリシャなどの外国の伝承から神についての最も本質的な真理（神は力をふるう以前に善であること）を学んだバビロン流浪以前ではこうしたいくつかの例外を除いて、神はユダヤ民族の保護者としての性格が強く、ユダヤ民族を利するためには、「人間を犠牲にすることもあらゆる卑劣さをも許す神であった」(18)。『旧約聖書』に見られるこのような残酷さが彼女に受洗を思いとどまらせる理由の一つになったのだ(19)。

　キリストが示した神は愛の神である。『旧約聖書』でも神の愛が示されている。しかしその愛はキリストが示した差別のない愛とは違ってイスラエル民族にしか向けられていない。愛の対象が限定された場合、愛するものにより多くの富（利益）を与えるために、それ以外のものを攻撃・破壊するという行動がしばしば行われる。偏った愛は、それが大きくなればなるほど、愛する者以外の他者を犠牲にすることも多くなる傾向がある。ヴェイユはそのような行動を取ったとされるヤーウェがキリストの示す偏りのない愛の主体である神と同一であるとはとても考えられないのだ。

　またヴェイユは、イスラエル人（ユダヤ人、ヘブライ人）の倫理観と神信仰との関係も追求する。彼女は、『旧約聖書』は、その一部を除き、キリスト者にとって同化が不可能なものであると考えた

第3章 キリスト教と偶像崇拝

が、その理由として、「キリスト教の中心にあってしかもギリシャ人が全く十分に知っていた一つの本質的な真理、すなわち無辜の人々（les innoncents）の不幸があり得るという真理がそこには欠けている」[20][21]ことを指摘する。そして次のように述べる。

> 少なくともバビロン流浪以前は、いくつかの例外を除けば、ヘブライ人の目からみれば、罪と不幸、そして徳と幸運はそれぞれ切り離せないものでした。これがヤーウェを天上の神（un Père céleste）とせず、地上的な神（un Père terrestre）とし、隠れたものとしてではなく、目に見えるものにしています。これではいつわりの神ということになります。純粋な愛の行為はこういう理解によってはありえません。[22]

ヴェイユによれば、ヘブライ人は、人間が悪を行えば不幸になり、善を行えば幸福になると信じ込んでいた。それはこの世において、応報主義、信賞必罰の論理で行動する神の存在が前提となっている。すなわち、神はヘブライ人を選んで自らの民としたわけであるが、すべてのヘブライ人に恩恵を与えるわけではない。律法を固く守る（善い）ヘブライ人には報いを与えるが、律法違反の行為を行う者（悪人）を罰するというのである。

この考え方は一見理にかなっているように思える。しかしそこには二つの大きな問題がある。一つはこの考え方はキリストが説く平等の教えに反するということである。キリストは、神は善人にも悪人にも差別しないと説いていることをヴェイユは強調する。すなわち相対的な人間のレベルにおいては善悪が区別されるが、神のレベルにおいては善悪の区別は越えられているはずだというのだ（神が人間を善人と悪人とに分け、善人に恩恵を与え、悪人を罰するとい

う考え方は、相対的な人間社会において見られる区別を絶対化していると言うこともできる)。

もう一つは、こうした考え方をすると、善人(他の人々と比較しての)が救いのない不幸に陥るということを説明できず、人間に不幸をもたらす災厄(たとえば疫病の流行など)が神罰として理解される場合もある。カミュの『ペスト』には、「今日、ペストがあなた方に関わりを持つようになったとすれば、それはすなわち反省すべき時が来たということです」などと語ったパヌルー神父の言葉を批判したリューが、「まったくあの子だけは少なくとも罪のない者でした」とたたきつけるように言う場面があるが、これはまさにこのような問題を指摘したものである。この世の出来事に介入して人間を選別する神が存在するという思想は、不幸に苦しむ人々に対する差別につながる可能性もある。そこでヴェイユは、このような考え方は純粋な愛の行為につながらないと主張するのである[23]。

キリスト教は4世紀にはローマの公認宗教となった。以後、キリスト教はヨーロッパ全体に勢力を拡大していくことになる。しかしヴェイユはキリスト教がローマの公認宗教となって以来、キリスト教の変質が始まったと考える。すなわち、『旧約聖書』に見られる力の神(偶像)に対する信仰が復活し、それが広がっていったというのだ[24]。それは現代にまで続いている。そしてそのために時にはキリスト者も恐ろしい差別的な考え方をすることがあると指摘する。彼女は、第二次世界大戦中のアメリカ大陸「発見」の記念日の折りに、あるカトリック系の雑誌の中で表明された記事を取り上げ、それを次のように批判している。

その雑誌の言うところによれば、神がクリストバル・コロンブスを遣わしてアメリカ大陸を発見させたのは、数世紀後、ヒ

第3章　キリスト教と偶像崇拝

トラーを打倒できる国を存在させるためだったそうだ。これはベルナルダン・ド・サン＝ピエールにも劣る議論である。残虐な議論である。神はまた、はっきりと有色人種を軽蔑していることになる。すなわち16世紀にアメリカの原住民を皆殺しにしたことは、20世紀のヨーロッパ人を救うためにはささいなことにすぎないと神に思われたことになるし、神はもっとむごたらしくない手段でヨーロッパ人を救うことができなかったことになるのだ。4世紀以上も前にクリストバル・コロンブスをアメリカに遣わすくらいなら、1922年頃ヒトラーを暗殺するために誰かを遣わした方がより簡単だったはずだ。

　これを例外的な愚劣さだと考えることは誤りである。歴史の摂理的解釈はすべて必然的にこれと同水準にあるのだ。ボシュエの歴史観がその例である。それは残虐で愚劣であるし、知性の面からも心情の面からもとても受け容れることのできないものである(25)。

　キリスト教においては、しばしば神の「計画」について語られる。しかしヴェイユによれば、「人間が神の業であるとする特別な計画は因果的結合の無限という表現でもなお物足りないような複雑さの中から私たちが切り取った断片にすぎない」(26)。そして神がある特別な目的のために個人的に介入するというような摂理についての不合理な観念は真の信仰とは両立しない。彼女は、キリスト教世界が「全体主義、征服主義、殲滅主義に染まってしまった」のは、「現世における神の不在と無為（non-action）という観念を成熟させなかったから」であると考えるのだ(27)。

　この世に直接介入する力の神、行動する神の概念は『旧約聖書』

に典型的な形で見られるが、ユダヤ教だけではなく、キリスト教の中にも深く入り込んでいる。それはしばしば自己（神）と特別の関係を結んだ者に恩恵を与えるためにそれ以外の者を犠牲にする神である。自分及び自分が属する集団の利益を第一に考え、他者の苦しみに対しては十分な注意力を働かせることがなければ、そのような神を「救いの神」として崇めることがある。しかし身近な人々や、自分と同じ集団に属する人々だけではなく、遠くに存在する人々や自分とは利害を異にする集団に属する人々の苦しみや痛みにも鋭い注意力を注ぐとともに、人間すべてに根源的な罪を認め、神の次元においては、善悪の区別は超えられている、と考えるヴェイユは、そのような神を真の神として認めることはとうていできなかったのである。

［3］歴史観への問い

神の創造と人間の堕罪、そして神の救いの計画と終末における完成、このようなキリスト教の直線的歴史観は、神が一定の意図をもって直接にこの世にはたらきかけ、人間を選別するという考え方に基づいているが、そのような神概念を否定するヴェイユはこの歴史観に異議を唱える(28)。そしてこうした歴史観と深い関係がある進歩の観念を批判する。

> キリストの伝言を人々が受け容れることができるように教え導く神の教育があるという考えによって、原始キリスト教は進歩の観念という毒を作り出した。このことは全世界の諸国民の改宗と世の終わりを差し迫ったことがらとして待つ期待に結びついていた。しかしこの二つのどちらも実現しなかった。16、

7世紀たってからこの進歩の観念の起源は、キリスト教が啓示される以前にまでさかのぼって適用されることになった。その結果、この観念はキリスト教に対立するものとならざるをえなくなった。(29)

　ヴェイユは、進歩の思想は原始キリスト教に起源を持つものの、本来のキリストの教えに逆らうものであると考える。そしてそれは近代以降、科学の発展による理想社会の実現への期待に基づく思想として、イデオロギーの違いを超えて、様々な思想家たちに受け継がれていると指摘する(30)。たとえば「《啓蒙主義》の傾向、1789年の大革命、政教分離主義等々が進歩という虚偽によって、際限なく根こぎを蔓延させた(31)」という。

　産業革命以降、進歩の思想はしばしば生産力の崇拝に結びつくようになった。ヴェイユは、特にマルクスの思想に生産力に対する顕著な崇拝を見る。マルクスは、「当時もっとも根拠のない迷信、すなわち生産の崇拝、大工業の崇拝、進歩に対する盲目的な崇拝と無意識に妥協するに至った(32)」と述べている。彼女はこの生産力崇拝の問題点として、人民が生産力の拡大へと駆り立てられることによって新たな抑圧の形態が作り出され、過労と危険がもたらされると指摘する。また彼女は、生産力を増大させ続けようとすることは「土地の疲弊やエネルギー源の枯渇」を招いてしまうのでマルクスの見方は成り立たなくなる、とも述べている。

　マルクスは宗教を否定した。しかし彼は生産力や生産力の拡大によって実現されるとみなされた未来社会（共産主義社会）を崇拝するに至った。神ではないものを神のごとくに崇拝すること、それは偶像崇拝である。ヴェイユは、マルクスを、「未来社会を対象とした偶像崇拝者である」としている。

ヴェイユもカミュと同様に「進歩の思想」を批判しているが、やはりカミュと同じく、保守反動思想の立場からこれを批判したわけではない。彼女は生産力拡大を無限に続けることを前提とした「進歩の思想」は労働条件の面においても、環境の面においても欠陥の多い思想であると考えたのだ。20世紀前半に早くも、マルクスや彼の後継者たちが十分に考慮することのなかった地球の限界という視点から文明の持続可能性の問題を指摘したという点は特筆すべきである。

左翼的な立場に立ちながら、社会主義国ソ連の全体主義を批判し、これを国家に対する偶像崇拝を糧とするファシズム国家と断定するとともに、マルクスをはじめとした社会主義の歴史観、特に進歩の思想とそれの基盤となる生産力に対する崇拝を、偶像崇拝の一つとして厳しく批判したという点においてヴェイユの思想はカミュの思想の先駆をなしている。

最後の審判というものを考え出したキリスト教だけではなく、マルクス主義においても、生産力の向上と革命による共産主義社会の実現という目的に基づいた直線的な歴史観が見られるが、ヴェイユが真理を見出すのは、そのような、起源と一定の目的の存在を前提とした直線的な時の流れではなく、特別の意図や目的（究極性）は何もない円環的な時間の流れである。それは、創造された人間が神に還帰する時間の流れである。また、「円運動は、もし一点を考えずに、自らの点を回転する円全体を考えるならば、（三位一体）の生命を構成する永遠の活動の完璧なイマージュ」(33)であり、「太陽エネルギーのすばらしい循環」でもある。そこには純粋な美が輝いている。そしてその「循環の思想（La pensée de circuit）は、それが農民の精神の中に浸透する時、労働を詩で包むことになるであろう」(34)と彼女は述べている。

第3章　キリスト教と偶像崇拝

［4］奇蹟・贖罪・復活への問い

　キリスト教の「使徒信条」によると、キリスト教徒は歴史上現れたナザレのイエスを神の子、救い主キリストであると信じることが必要であるとされている。
　すなわち、パウロが理解したように、イエス（キリスト）は『旧約聖書』の預言のとおりに神の定められた計画によってこの世に派遣され、犯した罪の結果、死に定められた人類を救うため、人類の代表として神の審判の下にたち、この世の裁判を受け、罪がないのに罪を負わされ、自身が死ぬことによって人類に定められた死を滅ぼし、その罪のあがないを行った後、復活したと信じることがキリスト教信仰の基礎になるというのである。
　キリスト教徒は、全能の神を信じるとともに、このキリストによる私たち人間の罪のあがないやキリストが行ったとされるさまざまな奇蹟、彼の復活などを信じ、彼が救い主であるということを受け容れなければならないとされている。
　キリストは確かに十字架上で殺された。それは屈辱の死であった。しかし、それは実は人類の罪のあがないであった。また、神は後に、復活という形で彼の死を克服され、それによって神の義と愛とがあらわされた。そしてそれを信じる人間もまた、死後キリストと同様に復活するものとされる。
　しかしヴェイユは、こうしたキリストのあがないの業や奇蹟・復活などを言葉通りには信じない。また彼女はそれらを、人類の救済をはかった神の計画に基づいて起こった出来事としてとらえない。
　まず贖罪について考えていきたい。ヴェイユは贖罪の意味について次のように述べている。

当時ローマ帝国において人間の最大の不幸、最大の罪は奴隷であるということであった。だからこそ彼は奴隷の不幸のうちに最大限の最悪の拷問を受けた。神秘的な形でこの転移は贖罪を構成する。(35)(36)

ヴェイユは確かにキリストの十字架上の苦しみを贖罪としてとらえている。人類が犯した罪をあがなうために、純粋で清らかな存在であるキリストが大きな苦難を受けることになったと考えるのだ。しかしその一方で、キリストの磔は「落下する松の葉ほどの意味しか持っていない」(37)ありふれた出来事の一つとも述べている。

さらに彼女は『新約聖書』の言葉〔ヨハネによる福音書18-37〕に基づいて「神の子を人間とならしめた至高の理由は、人間を救うためではなく、真理について証をするためである」という。すなわち彼女はキリストの死を贖罪と考えるが、そこに人類救済のための神の特別の意図や計画というものを認めていないのだ。(38)

次に奇蹟について考えたい。『新約聖書』には、キリストが重い病にかかった人をいやしたり、死者を蘇らせたりするという奇蹟についての記述がある。また現在でもカトリックは特定の出来事を奇蹟として認定している。キリスト教においては、奇蹟は人を信仰へといざなう重要な要素として考えられているのだ。ヴェイユもそのような奇蹟を必ずしも否定しない。しかし彼女は次のようなヒンズー教の逸話をあげて奇蹟は宗教において重要な意義を持つものではないと述べている。

一人の苦行者が、14年間の隠遁生活の後、家族に会いに戻ってきた。その兄は彼が何を得たかと尋ねた。そこで彼は兄を川まで連れて行き、相手の目の前で、歩いてその川を渡った。兄

第3章　キリスト教と偶像崇拝

は渡し守を呼んで、船で川を渡り、1スーを支払ってから苦行者に言った。「私が1スーで手に入れることのできるものを獲得するために14年間も苦労する価値があるだろうか」と。これこそ良識ある態度である(39)。

ヴェイユは、確かにキリストを神（神の子、聖者）であると考える。しかしそれは彼が奇蹟を行っているからではなく、「彼がどこまでも善のみを行っているからである」。彼女は、キリストが病人をいやしたり、死者をよみがえらせたりしたことは、「彼の使命のつまらない、人間的で、ほとんど低いと言える部分である(40)」という。誰かが超人間的な力（物理的な力）を行使したとしても、それは決して聖性（神性）を示すものではないと彼女は考えるのだ。
　またヴェイユは、どのような宗教にもそれぞれの奇蹟があり、「奇蹟は信仰の証拠」にはならないことも指摘している。

　　キリストの奇蹟だけが真正なものであって、その他はすべて虚偽であるとか、キリスト教の奇蹟だけが神によるもので、その他はすべて悪魔のしわざだとか断定することはあわれむべきご都合主義です。それは勝手な断定ですし、従って奇蹟はいかなる証拠にもなりません。真正なものであるとの認可を外部から受けているからには、奇蹟自体が証明される必要があります(41)。

さらにヴェイユは、奇蹟を信じることがむしろ人々を迷わせたり、信仰を失わせたりする可能性があると考え、次のように述べている。

　　もし教会が奇蹟的といわれる事実について申し分のない教理を整理しないならば、多くの人々が、宗教と科学との表面上の

不一致のために道を誤り、迷ってしまうでしょう。また多くの人々が、神は特別な意図から特別な事実を生み出すために第二原因の織物（この世界に起きる諸現象）にしばしば干渉すると信じ込み、実際は神が手を下したわけではない残虐な行為の責任をすべて神に負わせ、信仰を失ってしまうでしょう。⁽⁴²⁾

ヴェイユは、奇蹟を神の摂理のはたらきかけの証拠であるとする考え方を否定し、「奇蹟などという一般の観念は一種の不信仰である⁽⁴³⁾⁽⁴⁴⁾」とも述べている。

ヴェイユは復活については次のように述べている。

　　蘇生した死者たちのすべての物語を無差別に信じようとする老婦人はどこにでもいる。間違いなく、幸いであると言われた人は、信じるに当たって復活というものを必要としない人たち、キリストの完全さと十字架が証拠となる人々である。⁽⁴⁵⁾

　　ヒトラーが50回死んでよみがえろうとも、私は彼を神の御子とは見なしはしません。福音書がキリスト復活への言及を一切省いてくれたならば、私にとって信仰はもっと容易になるでしょう。十字架だけで私には十分なのです。⁽⁴⁶⁾

ヴェイユは、死者のよみがえりの逸話は、奇蹟の逸話同様多くの宗教において見られるものであり、キリストの復活は信仰において決定的に重要な意味を持つものではないという。そしてたとえ本当に死者が復活したとしても、それを神の特質を示すものとは言えないと考える。

第3章　キリスト教と偶像崇拝

　このように贖罪や奇蹟、復活についての伝統的なキリスト教の解釈を否定するヴェイユは、私たちは自身の復活や永遠の生命をも信じるべきではないと考える。[47]

　　真空を埋めたり、苦しみを和らげるような信仰は退けられなければならない。不死を信じたり、罪の効用を信じたり——たとえば「罪でさえも」という考え方——摂理がもろもろの出来事を指図していると信じたりすること、すなわち人々が通常宗教の中に求める「慰め」を退けなければならない。[48]

　　霊魂の不滅を信じることは有害である。なぜなら、我々は魂が本当に形態を持たないものであることを思い描くことができないからである。従って霊魂の不滅を信じることは、事実上、生命の延長を信じることにほかならず、死の効用を取り除くことになる。[49]

　この世は不条理に満ちている。そして命あるものにはすべて死が運命づけられており、人々は不安を抱えて生きている。そこでキリスト教は、その不安を取り除くための答えを用意した。
　理性では説明ができないこの世の不条理な現象も神の計画の一環として起こった出来事であり、そこには何かの意味がある。そしてこの世の終わりには最後の審判が行われ、キリスト教の信仰箇条を正しく守る者はこの審判を経て天国に行き、永遠の平安が与えられる。一方、不信仰の者や悪人は地獄に落とされ、永遠の苦しみが与えられる。
　このようなキリスト教の教えは多くの人々に希望を与えた。しかしカミュはそれを、人々の不当な死を安易に受け容れてしまう恐れ

のあるもの、また極刑に根拠を与えるものと見なして否定した。彼はキリスト教の神概念や救済思想を受け容れることを拒否したのだ。

一方ヴェイユは、3回のキリスト教（カトリシズム）との接触の後「全精神を打ち込んでキリスト教に心を開いた」。しかし彼女もカミュと同様に、この世界に直接介入して、人間を選別し、特別に選んだ者に現世での利益や死後の生命を保障する力の神の存在を前提とした思想を否定する。彼女はそこに偶像崇拝と、それに伴う全体主義や征服主義などを正当化する危険性を見出した。またそれは人々に虚偽の慰めをもたらし、限りある命を真剣に見つめることを妨げるものであるとも考えた。

【註】
(1) 渡邊義愛訳「重力と恩寵」、渡邊一民訳「救われたヴェネチア」『シモーヌ・ヴェイユ著作集Ⅲ』、春秋社、1968年、13ページ。
(2) *Attente de Dieu*, pp.23-24.
(3) *Écrits de Londres et dernières lettres*, p.141.
(4) ヴェイユは「教会への無条件の愛は、偶像崇拝の一種である」(*La Connaissance surnaturelle*, p.79.) と述べている。
(5) Simone Weil, *Cahiers* Ⅰ, Plon,1970. p.256.
(6) *Attente de Dieu*, Fayard, p.25.
(7) Simone Weil, *Lettre à un religieux*, Collection Espoir, Gallimard, 1951. p.32.
(8) この『質問書』(*Questinnaire*) は『神の愛についての雑感』所収。
(9) マルキオンとは、2世紀中ごろのキリスト教の聖書学者。『旧約聖書』を否定し、『新約聖書』の福音書の中で〔ルカによる福音書〕を選択し、パウロの書簡を重視した。またキリスト仮現説（キリストは霊的存在であって肉体をもたない、とする説）を唱えた。
(10) 『旧約聖書』の〔創世記〕によると、メルキゼデクはエルサレムの王で、「いと高き神の司祭」とされている。パウロは（キリストは）「神によって、メルキゼデクに等しい王となられた」〔ヘブライ人への手紙 5-10〕と述べている。

第3章　キリスト教と偶像崇拝

(11) *Pensées sans ordre concernant l'amour de Dieu*, pp.69-72.

(12) ヴェイユは、「ヘブライ人は金属や木材ではないが、一種族、一民族という全く地上的なものを偶像として持っていた」(*Lettre à un religieux*, p.15.) という。彼女によれば、ヤーウェはそのようなヘブライ（イスラエル）人の民族的偶像にすぎない、ということになる。

(13) *La Connaissance surnaturelle*, p.46.

(14) *Lettre à un religieux*, p.11.

(15) *Pensées sans ordre concernant l'amour de Dieu*, p.64.

(16) Simone Weil, *Intuitions Pré-chrétiennes*, Fayard,1985. p.164.

(17) 『旧約聖書』の〔ヨブ記〕によれば、ヨブは律法を守る正しい信仰者であった。そして裕福な家長として暮らしていた。しかしある日突然大きな不幸に襲われ、彼の息子たちや家畜が死に、家庭が破壊されてしまった。さらに彼自身も重い病に苦しむことになる。そこへ三人の友人がやってきて対話を行う。友人たちはヨブがその不幸の原因となる罪を犯したのではないかという。しかしヨブはそれ強く否定する。彼は身の潔白を主張し、悪しき者が富み栄える一方、自分のように正しい者が苦難の中にいることについて神に抗議をする。やがて三人の友人たちはヨブに答えることをやめるが、それに代わってエリフという人物が登場する。彼はヨブに対しても、またヨブに答える言葉をなくした三人に対しても怒りの気持ちをあらわにする。彼は特に神に抗議をしたヨブの態度を厳しく責める。その後つむじ風の中から神がヨブに呼びかける。ヨブは神の言葉を聞き、初めて自分の非を悔い改める。

　この〔ヨブ記〕において特筆すべき点は、神が信賞必罰の論理で動いていない、すなわち特定の人間を救うため、あるいは懲らしめるために直接に力を行使していないということである。確かにこのテクストの最後でヨブは神からより大きな恵みを受け取ることになっているが、その部分は後で書き加えられたものではないか。少なくとも最後の部分を除いては、力の属性としての神概念とは異なった神概念が示されている。そして、「義人」であっても大きな不幸になるということや、不幸に陥った人間の苦しみ、嘆き、いらだち、悲しみが赤裸々に描かれている。さらに不幸やそれにともなう苦し

みを通して真理に目覚めていく人間の姿が描かれている。ヴェイユは、〔ヨブ記〕に見られる、不幸や苦しみに対する深い洞察（これは力の神への信仰とは両立しないと彼女が考えるものであるが）とその苦しみを通して真理を学ぶという姿勢はキリストの教えに受け継がれていると考える。ヴェイユはヨブを「キリストの象徴」としている。彼女はキリスト教の中心にあるものは、「罪なき人々の不幸がありうるという真理」(*Lettre à un religieux*, p.68.) であるという。また、「キリスト教の至高の偉大さは、苦しみに対する超自然的な治療薬を求めるところにではなく、苦しみの超自然的な効用を求めるところにある」(*Cahiers II*, plon, 1972. p.304.) と述べている。

(18) *La Connaissance surnaturelle*, p.63.
(19) ヴェイユの、『旧約聖書』への厳しい批判は、『旧約聖書』を唯一の聖典とするユダヤ教とそれを信仰するユダヤ人（イスラエル人、ヘブライ人）にも及んでいる。それは時には行き過ぎているとも思われるほどの辛辣さを伴っている。たとえば『アメリカ・ノート』（『超自然的認識』所収）には次のような言葉が見られる。

「彼（ヒトラー）は、ユダヤ人から盗んだもので、ドイツの集団精神であるヴォータン（北欧神話の戦争の神〈オーディン〉をドイツに移し替えたもの）に洗礼を施し、ヴォータンが天地を創造したと主張したがっている。

万軍の神であるヤーウェがキリスト教的なよそおいを見せながら軍隊によって全地球を征服したというのは本当である。今やヴォータンがヤーウェに取って代わろうとしている」(*La Connaissance surnaturelle*, p.173.)。

非人道的な虐殺を繰り返す全体主義体制を打ち立てたヒトラーの思想の起源をユダヤ人の信仰に見出すような考え方を表明することは、ヒトラーの蛮行の特に大きな犠牲を被ったユダヤ人（ヴェイユ自身もユダヤ系の人間であるが）の中には受け容れがたいという思いを抱く人が多いのではないだろうか。

またヴェイユがマルセイユに滞在した時に彼女の信仰上の師となったペラン神父は、彼女の聖書解釈には正しくない部分があるとして次のような指摘をしている。

第3章 キリスト教と偶像崇拝

　「私はまたシモーヌの立派な両親から、彼女の幼年時代に、年とってさまざまなパリサイ風の欠点をあらわす近親たちが強い印象を残したことを聞いている。頑固、複雑な形式主義、誰に対してもきびしく偏狭であることなどの欠点である。第一戒が輝いているイスラエルの宗教的な流れは、彼女には縁遠いものであった。シモーヌ・ヴェイユがキリストの十字架をイスラエルの宗教的伝統の終結であり、論理的な結論であると考えるとき、彼女は重大な誤りを犯し、部分的なゆがみを神の啓示と混同し、さらにまたペテロもヨハネも聖母も、使徒たちや初代キリスト信者たちも、聖霊にとらえられた偉大な人々もユダヤ人であり、聖書に養われていたことを忘れている」（『シモーヌ・ヴェイユ著作集Ⅳ』、「ある修道者への手紙」大木健訳、春秋社、1967年、208ページ。）

　ヴェイユは、『旧約聖書』をも聖典の一つと見なしているキリスト教の態度を厳しく批判する一方、グノーシス派、カタリ派、マニ教については、（本来の）キリスト教に忠実であった、として称えている。中でも彼女は、カトリック教会によって異端の烙印を押され、中世においては激しい弾圧の対象になり、フランスでは13世紀半ばには終息したとされるカタリ派には強く惹かれた。カタリ派では、この世界に属する一切の物質的存在や現実世界を悪と考える。また『旧約聖書』をこの世界を創造した悪神の書として批判する。カタリ派の正式な教団構成員は「完全者」と呼ばれる。彼らは悪神の創造したこの世界から解放されることを求める。そのために一切の生殖行為を慎み、しばしば断食をおこない、肉食を絶った。また彼らには人間や動物を殺すことは決して許されてはいなかった。「悪神」の存在を認めないヴェイユの思想（ヴェイユは力の神は実は神ではなく、偶像であるとしている）はカタリ派とは異なるが、彼女はカタリ派が示した『旧約聖書』に対する否定的見解や信者たちの清貧さを旨とする生き方には強く共感する。彼女は「カタリ派の《完全者》は隣人への愛徳を聖人にさえめったに見られないほどに持っていた」(*Lettre à un religieux*,pp.38-39.）と述べている。

(20) *Lettre à un religieux*, pp.67-68.
(21) ヴェイユは、この文の中で無辜の人々の存在を認めている。しかし一方で彼女は「私たちは罪人としての他存在することはできない」

としている。従って、ここで「無辜の人々」という言葉が使われていてもそれは社会的な面での「無辜」であり、人間の存在条件と結びついた根源的な「罪」から免れている人々を意味しないと考えられる。
(22) *Lettre à un religieux*, p.68.
(23)『新約聖書』には、〔マタイによる福音書 13・49-50〕(「御使たちが来て、義人のうちから悪人を選り分け、そして炉の火になげこむであろう」と書かれている)のように、神が人間を選別するように説かれている部分もあるが、ヴェイユは、〔マタイによる福音書 5・45-48〕などに書かれている、「天の父は、悪い者の上にも良い者の上にも、太陽をのぼらせ、正しい者にも正しくない者にも、雨を降らして下さる」という言葉（神は万人に平等であることを示す）にこそキリストの本来の精神を見出す。

　ヴェイユは、不幸な人々を他の人々以上に罪深いとする考え方につながるおそれのある信仰は虚偽であるとする思いを持っていたが、「私たちは罪人としての他存在することはできない」(*La Connaissance surnaturelle*, p.226.) と述べ、人間がこの世に存在している限り、罪を免れないとも考えた。すなわち彼女は、生まれ出ずる者すべてに根源的な罪を認めていた（この点においてカミュの思想と同質性がある）。この世に生きている限り、他者を苦しめて犠牲にしたり、またそのようなことを望んだりする気持ちを持つことから免れることがないと彼女は考えるのである。そしてこの考え方は、人間社会における善・悪、正・邪などの区別が相対的なものでしかなく、人間社会を超えたところ（神の領域）では、そのような区別は超えられている（究極的な善は区別対立を超えたものである）という教えを強調する思想につながっていると考えられる。

　ここで「罪」の定義についても言及してみたい。フランス語においては、一般には péché（ペシェ）は宗教上の罪を、crime（クリーム）は法律上の罪を意味する。大木健氏は、『シモーヌ・ヴェイユの不幸論』（勁草書房）の中で、「世界の至る所に不幸と罪悪との形で見かける悪は、我々がおかれている神からの距離のしるしである」（*Pensées sans ordre concernant l'amour de Dieu*, p.36.）というヴェイユの言葉を取り上げ、「ここで言う《罪悪（クリーム）》を《罪（ペ

シェ)》と混同してはならない」(『シモーヌ＝ヴェイユの不幸論』大木健著、勁草書房、1969、129 ページ)と述べている。しかし、一般にヴェイユの文献においては péché と crime は明確な区別がなされていない。たとえば『ある修道者への手紙』の中で彼女は、「神を呪う罪」を「le crime de maudire Dieu」(*Lettre à un religieux*, p.16.)と表現している。この手紙の crime も神の恩寵との関係の中でとらえられており、宗教上の罪の意味を含ませて使われているといえよう。

(24) ヴェイユは、国家を対象とした偶像崇拝の起源をローマに見出したが、彼女はキリスト教を変質させたのもローマであると考える。彼女はローマ帝国とキリスト教との関係について次のように述べている。
「キリスト教がローマ帝国の公認宗教となった時、神と神の摂理の非人格的側面は影に押しやられ、神は皇帝の代役になった」(*L'Enracinement*, p.230.)。
「ローマ人が信じていたような神に対応する摂理の観念は、ある特別な目的に合わせてある種の手段を調整するため、神が自ら世界に介入してくること」(*L'Enracinement*, p.236.)。
ヴェイユはキリスト教が力の神への信仰を持ったのはローマの国教になったことと深く関係していると考えるのだ。

(25) *L'Enracinement*, p.238.
(26) *ibid.*, p.239.
(27) *Cahiers* Ⅲ, p.134.
(28) すべての人間に根源的な罪を認め、人間社会における善悪の区別は人間社会でしか通用しない相対的なものにすぎないとするヴェイユの思想(カミュの思想も基本的には同様であるが)は、神が人間を救済すべき者と永遠の滅びに定める者とに選別するとする神の計画やその計画の存在を前提とした終末論及びそれに基づく直線的歴史観とは相容れない。
(29) *Cahiers* Ⅲ, p.262.
(30) ヴェイユは『カイエ』では「〈進歩〉という思想は 18 世紀に発明された(デカルトにその責任がある)」(*Cahiers* Ⅲ, p.62.)と述べている。直線的歴史観に基づく進歩の思想は原始キリスト教にその起

源を見出すことができるが、科学技術の発展への期待に基づく近代の進歩の思想はデカルトの影響の下に18世紀に成立したと彼女は考えていた。彼女は進歩を「近代の神」（un dieu moderne）とも表現している。

(31) *Cahiers III*, p.216.
(32) *Oppression et liberté*, pp.195-196.
(33) *Intuitions Pré-chrétiennes*, p.159.
(34) *L'Enracinement*, p.80.
(35) *Attente de Dieu*, p.186.
(36) 前述したように、ヴェイユはキリスト教を「奴隷のための宗教」として理解したが、キリスト自身も「奴隷の不幸」を味わったと考えるのである。
(37) *Cahiers III*, p.11.
(38) ヴェイユは『カイエ』で、「もし人が善のみを望むなら、光を受けた物体を影に結びつけるように、現実の善を悪に結びつける世界の普遍的な法則と対立するため、不幸に陥ることは避けられない（*Cahiers III*, p.28.)」と述べているが、キリストの十字架刑もその不幸の一つとして考えることができる。
(39) *L'Enracinement*, p.227.
(40) *Cahiers II*, p.159.
(41) *Lettre à un religieux*, pp.51-52.
(42) *ibid.*, p.59.
(43) *Cahiers II*, p.204.
(44) ヴェイユは受難についての叙述の美しさに感銘を受けたという。その叙述は、キリストの受難を予言しているとも言える「彼はののしられ、虐待されたが、口を開かなかった」という〔イザヤ書〕の言葉（53・7）とキリストの苦しみについて語ったパウロの言葉「彼は神と等しいことを成果とは考えなかった。…自分自身を無とされた…死ぬまで、十字架上に死ぬまで従順であられた…彼は呪いとなった」〔フィリピ人への手紙2・8、ガラテヤ人への手紙3・13〕である。彼女はこの美しさこそ「奇蹟的」と表現し、「私が信ぜずにはいられなくなるのはこのためです」（*Lettre à un religieux*, p.58.）という。

第3章　キリスト教と偶像崇拝

(45) *L'Enracinement*, p.228.
(46) *Lettre à un religieux*, p.58.
(47) ヴェイユは、キリストの物語というものは、実際にこの世に生じる出来事ではなく、「象徴であり、隠喩である」と述べている（*La connaissance surnaturelle.* p.149.）。
(48) *Cahiers II*, p.17.
(49) *Cahiers III*, p.121.

第4章　真の神

［1］実在としての神

　全精神を打ち込んでキリスト教に心を開きながら、「キリスト教」の神概念とそれに基づく世界観に多くの同意できない点を見出したヴェイユは、どこに真の神を見出したのだろうか。第4章では主に彼女の神に関する思想について考察を進めることにする。まず彼女の次の言葉を吟味したい。

　　　悪と力との、悪と存在（l'être）との血族関係、そして善（le bien）と弱さとの、善と無との血族関係。[1]

　この世に存在する力あるもの、すなわち人間や社会集団などは、その存在を維持し、勢力を拡大するためにしばしば他者を攻撃し、征服しようとする。いや人間や社会集団だけではない。ここで指摘されている「力」とは、力の神をも意味している。この世でその存在やはたらきが人間の知覚や認識の対象となり、この世の出来事に介入するとされている力の神もまた、特定の民族や国家などの集団を利するため、時にはそれと対立する人物や集団を攻撃し殲滅しようとするという点で悪なのだ。ただ前述したように、ヴェイユはそのような神は真の神ではなく、民族的偶像にすぎないと考えていたので、正しく言えばその偶像を崇拝することが悪なのだ。[2]
　一方彼女は、「善と弱さとの、善と無との血族関係」と述べている。彼女は真の神を弱さや無との血族関係にある善、そして実在と

第4章 真の神

して理解する。

　神が善であること、これは確実で正確なことである。神が、ある意味では、——私は分からないが——実在（réalité）であることも確実なことである。⁽³⁾

　神は存在（l'existence）という観点からは、幻想にすぎぬとしても、善の観点からは、唯一の実在である。⁽⁴⁾

ではその善や実在とは何か。

　同じ名称でよばれながら根本的に異なる二つの善、一方は悪の対蹠物、他方は絶対的。絶対的なものは善以外の何ものでもありえない。絶対的なものは対蹠物をもたない。相対的なものは絶対的なものの対蹠物ではない。我々が欲するのは絶対的な善、手が届くのは悪と相関関係にある善。⁽⁵⁾

　悪は善の反対であるが、善はいかなるものの反対でもない。⁽⁶⁾

　悪は行動のうちにある。善は非行動、ないし非能動的な行動（une action non agissante）にある。⁽⁷⁾

　ヴェイユは、神が唯一絶対であり、そして善であると考えた。彼女の言う真の唯一絶対的な善は対蹠物を持たない。すなわち対立を超える（絶する）もの、対立を超えてすべてを包み込むものである。
　人間の社会は相対差別の世界である。そこでは様々な区別や差別がある。人はしばしばその区別や差別が人間社会を超えた形而上界

にも根拠を持つものであると錯覚し、特定の存在や原理を他と区別して絶対化する。これは相対の絶対化、偶像崇拝である。一方、真の絶対（神）においてはそのような区別や差別が超えられている。神は人間や人間集団などを区別して、善、正、味方などとして認めた一部のものだけに恩恵を与え、他を罰する（滅ぼす）ためにこの世において直接力を行使することはない。これは『新約聖書』の中のキリストの言葉からもうかがえる（前述した〔マタイによる福音書 5・45-48〕など）。しかしそれでいて神はしっかりとはたらいている。したがってその行動は「非能動的な行動」なのである。[8]

　次に神の〈人格〉について考えてみたい。
　ヴェイユは『前キリスト教的直観』（*Intuitions Pré-chrétienne*）では、「この〈人格〉（Cette Personne）とは神である」と述べている。しかしほぼ同じ頃の作品である『人格と聖なるもの』（*La Personne et Le Sacré*）〔『ロンドン論集と最後の手紙』所収〕「人格（la personne）とは、われわれの内部にある錯誤や罪の部分である」という。また人間のような怒りやねたみの感情を持ち、人々を選別するとされる〈人格神〉ヤーウェをイスラエル人の民族的偶像として退けている。では彼女が「〈人格〉とは神である」という場合の「人格」とはどのような人格なのか。彼女は『神を待ち望む』において、神の像となり得るものは「人格となることを放棄しうる能力」であり、「人間が卓越した状態にまで高められ、ついには神的存在にあずかるほどになるたびにいつも人間の中に、何か無人格的（impersonnel）なもの、名前を持たないものが現れてくる」[9]と述べている。そしてさらに神について次のように語っている。

　　ある意味では神を無人格的なものとして理解しなければなら

第4章　真の神

ない、というのは本当である。それは次のような意味である。神は自己自身を否定することによって自己を超えてゆく人格の神による模範なのである。神を全能の一人格として、またはキリストという名の人間的な人格として理解することは、神への真実な愛を排除することになる。⁽¹⁰⁾

　ヴェイユは「〈人格〉とは神である」と述べるが、その人格とは、錯誤や罪の部分からなる人格ではなく、そのような部分を否定する（自己否定を含んだ）人格なのだ。この点でも自己否定を行わない「偶像」とは明確に区別される⁽¹¹⁾。
　またヴェイユは、神は人間にとって不可知なものであることを強調する。

　　私たちにどうして神を探すことができよう。神は高きところに、私たちが歩むことのできない次元にいるのだから。私たちは水平にしか歩けない。もし、善を探し求めて水平に歩き、探求を達成したとしても、その達成は錯覚であり、見出したものは神ではないであろう。⁽¹²⁾

　　私たちがとらえることのできるものは一切神ではないと信じること⁽¹³⁾。

　　神への服従は、言葉を換えて言えば、神が我々の想像や表象をまったく超えるものであるという限りにおいて無に対する服従である⁽¹⁴⁾。

　　私たちの御父は隠れたところにしか住んでいない⁽¹⁵⁾。

第2部　シモーヌ・ヴェイユ

　存在を超えた不可知なものである神は信仰の対象にもならない。

　人間は神を探す必要もないし、神を信じる必要もない。(16)(17)

　では真の神（「隠れた神」）はどこに見出され、どのようなはたらきを行うのだろうか。ヴェイユは次のように述べている。

　　神の力はただ霊的な力しか持っていない。(18)
　　神の愛が内に生きている人々がこの世に存在するということを除いては、神はこの世に不在である。(19)

　『新約聖書』の〔マタイによる福音書6-18〕には「隠れた所においでになるあなたの父」という言葉があるが、ヴェイユはその言葉の通り、偶像ではない真の神はこの世では隠れており、人間の知覚・認識や信仰の対象にはならないと考える。また人間がその直接的な力の行使を見ることもできない。したがってそれは「無」であると言うこともできる。
　「神は愛」であるとも言われるが、神は特別の意図をもって特定の人間に直接恩恵を与えることはない。権力による不当な弾圧等によって多くの人々が傷つき倒れても神はその行為をやめさせることはない、飢えた人がいても神は直接パンを与えることはしない。疫病が流行して多くの人々が苦しんでも神はその病を直接癒すことはない。ただひたすら沈黙しているように思われる。カミュの作品（『ドイツ人の友への手紙』）には、「そのような神には何一つ期待しない」という言葉が見られるが、ヴェイユも神の非行動を認め、神による直接的な救済を期待しない。しかし彼女は、実は神は大きな役割を果たしていると考える。神はその愛を人間の内面に宿し、

第4章 真の神

人間をひざまずかせ、人間の魂にはたらきかける。そして人間を我執を超えた無私の純粋な愛（人格を脱した愛）の行為へ導いていく。隠れた神は人間の目には見えず、歴史の中には介入しないが、愛のはたらきとして私たちを動かしていくというのだ。そのような神こそ真の神（実在）なのである。(20)この神のはたらきについては、「第5章 霊的結婚と遡創造」で詳しく述べてみたい。

[２]「神の子」キリスト

ヴェイユは、キリストの教えにはたいへん強い共感を抱いたが、キリスト自身については多面的に理解した。彼女によれば、「キリストは三重（triple）である」。まずキリストは、「〈父〉に等しい神の子であって、〈父〉とともに唯一の神をなし、創造されたものではなく、生み出されたものである」(21)。キリストは、（この世では隠れていて、直接にこの世の出来事に介入しない）神とは違って、人間としてこの世に生き、人々の前に現れた。しかしキリストは神の子であり、唯一の神をなしている。彼を神として認める理由は「奇蹟を行ったからではなく、義人であったから」(22)である。

次に「キリストは創造によって生み出されたもののうちの初子であり、世界魂、すべてのものにあまねく裂き散らされた統一体、調和である」(23)(24)。

そしてキリストの第３の在り方は「一人の（または複数の？）人間である」(25)。

さらにヴェイユは、キリストには第４の在り方があるという。それは「神と自己との関係」(26)(27)である。

キリストは神の子であり、神をなし、調和であり、世界魂であり、そして人間でもある。またヴェイユは、神の子を人間とならしめた

至高の理由は、「人間を救うためではなく、真理について証をするためである」という言葉を強調するが、その真理とは「神は愛であるという真理」(28)である。

またヴェイユは、キリストと真理の関係について次のようにも考える。

　　キリストはキリストになる以前は真理なのですから、キリストは人がキリストよりも真理を好むことを望まれるのです。もし人が真理に向かうためにキリストから顔を背けることがありましても、いずれはまもなくキリストの腕の中に戻るでしょう。(29)

このように考えるヴェイユは、ドストエフスキーが、「キリストが真理でないとしても、私はキリストとともに真理の外にあることの方を好む」(30)と言った時、彼は「最も恐ろしい冒涜的な言葉を吐いたことになる」と考える。このドストエフスキーの言葉には、人間的人格をもつ存在と見なされたキリストを思いやる気持ちが込められていると考えられる。しかしキリストのことを、神の子として、人間的人格を超えた真理の体現者と見なすヴェイユにとっては認めがたいものなのである。

【『救われたヴェネツィア』を解読する】

ここでヴェイユの『救われたヴェネツィア』という題の戯曲について考えてみたい。この作品は彼女が1940年、ヴィシーに滞在していたときに創作に取りかかったものである。彼女の死によって未完に終わったが、彼女の思想と信仰を知る上でたいへん貴重な作品である。

第4章 真の神

　この作品に素材を提供したのは、フランスの歴史家であったサン・レアール神父の『ヴェネツィア共和国に対するスペイン人の陰謀』（1674年）である。ヴェイユは、そこに描かれた史実をもとにして彼女自身の思想を盛り込んでこの戯曲の創作に取りかかった。

　ヴェネツィア駐在のエスパニア大使ベドマール侯爵は、1618年、エスパニア国王の支配下にヴェネツィアを置くための陰謀の計画を立てた。ベドマールはその計画の実行をフランス貴族ルノーとプロヴァンスの海賊ピエール大佐に委ねた。計画では、真夜中に挙兵し、都市の要所を一気に占領するとともに収拾できない混乱を引き起こすため街々に火を放ち、手向かう者をすべて虐殺することになっていた。決行は聖霊降臨祭の前夜と決められていた。

≪第1幕≫
　ピエール、ジャフィエ（首領の一人でピエールの友人）、ルノー、他の士官たちが登場する。ルノーが陰謀に関するあらゆる行動に触れたたいへん熱っぽい大演説を行う。彼は次のように述べる。

　　諸君は歴史を創ろうとしている。今こそ、ヨーロッパの統一に反対し、自らの市民から憎悪され、陰謀をめぐらす専制政治を打倒するのだ。その闘いに力を尽くす諸君のはたらきによって、全ヨーロッパはハプスブルグ王朝のもとに統一されるであろう。そして統一されたヨーロッパの軍艦は世界の海を縦横に行き交い、エスパニアがアメリカ大陸で行ったように、地球全体を征服し、文明化し、キリスト教に改宗させるのだ。それこそ諸君の力によるのだ。

　〈中略〉

われわれの計画遂行は、なるほど、恐るべきものではある。しかしだからといってそれは中止されてはならない。それは恒久の善のための一時的な悪に過ぎないのだから。⁽³¹⁾

演説の後ルノーはピエールに祝福されるが、ルノーは憂い顔をしている。それは彼が話しながらジャフィエの顔が次第に青ざめてゆがんでいくのに気付いたからだ。ルノーはジャフィエの弱さが「自分たち全員に破滅をもたらしはしないか」と思うのだ。そこでそのような事態を防ぐためにジャフィエを殺すことを提案する。それに対してジャフィエの友情を信じるピエールは驚き、抗議をして、そのような提案を撤回するように懸命になって説得しようとする。

≪第2幕≫
ピエールはヴェネツィア政府の十人会（ヴェネツィア共和国の最高統治機関）から出帆準備の命を受けた。もしそれに背けば当然疑惑を招くことになる。そこで彼に代わってジャフィエに都市を占領するという行動の指揮を執らせ、その後さらにヴェネツィア及び属領統治を彼の手に委ねようとする。そのことをピエールから告げられたジャフィエはあふれ出る感謝の色をあらわす。その時十人会書記の娘であるヴィオレッタが登場する。
ジャフィエは、自分もピエールも好意を寄せているヴィオレッタについて、「あの娘のことで何か注意することはないか？安全への配慮を怠ってはならないだろう」と問いかけるが、ピエールは「そんなことにかかわっていたら失敗するだろう」と言ってたしなめる。そして彼は自分たちの行う悪は必要悪であることを強調する。
その後ジャフィエはルノーに向かって、混乱に際して損害を食い止めるためにどのような処置を取るべきか、助言を求めるが、ル

第4章 真の神

ノーは「そんな心配はしなくて」よく、「そんな配慮をしていると、あなたは失敗しますよ」と答える。また彼は、「軍隊には、抵抗する者すべて、気に入った者すべてを殺戮することが認められなければならない」という。さらに彼は、「征服した民族を根こぎにすることが征服者の政策であった」と述べ、ヴェネツィア征服後は、ヴェネツィアにエスパニア文化を導入し、「たとえ反乱が成功したとしても、祖国を蘇らせることはできない、と市民が信じ込んでしまうまでこの都市を殺戮しなければならない」[32]と主張する。

その後、ヴィオレッタとその父親が登場する。親子は翌日に行われる祭りを楽しみにしている。ヴィオレッタは「自分は幸せだ」という。そして翌日の祭りの日にはもっと幸せになれると思っている。彼女は清らかさや無邪気さの象徴とも言える。しかしジャフィエとともに彼女の話を聞いていた士官たちは親子と別れた後、翌日はヴィオレッタを辱めるという話をする。

ジャフィエは、共に行動を起こそうとしている仲間たちの、暴力や破壊をやむを得ないとする態度、いやむしろそれを楽しみにしているのではないかとさえ思えるような言動と、彼らを指揮して都市を破壊することになる自分の役割を思い苦悩を深める。そして「いかなる都市が破滅しようとしているか、見つめているこのぼくが、太陽のように非情であることが許されるのだろうか」と叫ぶ。

≪第3幕≫

ジャフィエは、十人会書記役のところに、「ヴェネツィアの存亡にかかわる緊急事態について十人会に知らせることがある」と訴える。ただ、彼はそれを知らせる代わりに行動の中心人物二十人の生命の安全を保障することを求める。十人会はその申し出を承諾し、ジャフィエは計画の細部に至るまで陳述する。通報の動機を尋ねら

れたジャフィエは「あわれみによるものだ」と答える。

　陰謀加担者全員を逮捕させた十人会は、「国是からみてジャフィエとした約束を守ることはできない」と考える。実際に約束に反し、主な加担者は処刑される。書記役からその決定を聞いたジャフィエは怒りの叫びを上げるが、彼の声は聞き届けられない。そして彼だけは国外追放と決まる。市民は彼のことを「二度裏切っている」とののしる。

　十人会書記の部下は、逃げ出した反乱軍の残党と軍隊との争いの中にジャフィエを追いやって、彼が殺されるように仕向ける。その後何も知らないヴィオレッタが登場し、ヴェネツィアの美しさを称える。

　以上が『救われたヴェネツィア』の内容である。ヴェイユはこの作品に関するノートの中で第1幕について、「それが亡命者、根こぎにされた人々（déracinés）の企みであることを明らかにする」と記している。

　前述したように、ヴェイユは『根を持つこと』において、根付くということ（l'enracinement）は、「おそらく人間の魂の最も重要な要求であると同時に、最も無視されている要求」であり、「軍事的征服が行われるたびごとにこの現象（根こぎ）が生み出される。この意味で、征服はほとんど常に悪である」[33]と述べた。そして彼女は、この根こぎは増殖していく性格を持つものであるがゆえに、「人間社会のずば抜けて最も危険な病である」[34]と断言する。

　ヴェイユによれば完全に根こぎにされた人間の取る態度は二つしか許されていない。一つは、死にほとんど等しい魂の無気力状態に陥ること、そしてもう一つは、まだ根こぎにされていない者たち、ないしは部分的にしか根こぎにされていない者たちを、しばしば最

第4章　真の神

も暴力的な手段によって、根こぎにすることを目指す活動に飛び込むことである。

　根こぎにされた集団、それは社会を形成し、「われわれ」と複数でものを考える。ローマがそうである。ヘブライもそうである。この作品ではエスパニアがそうである。「陰謀といったものは陰謀加担者にとっては〈社会〉に属するものだ」。こうした社会集団に対してヴェネツィアは都市である。都市は社会的なものではない。「呼吸する大気ほどにも意識されない人間の場だ。自然、過去、伝統との接触」(35)等々が存在する根付いた場所なのだ。この作品では、「陰謀にたけた専制権力の打倒」など一見もっともらしい理想に基づいているように見えながら、実際には根こぎにされた人々が根こぎにされていない人々を暴力的な手段で根こぎにしようとするたくらみが描かれている。

　「根こぎ」の悲劇について語った『救われたヴェネツィア』は、ヴェイユの宗教思想が表現された作品でもある。ヴェネツィアに危機が迫っても神は何一つ直接的な力を行使しない。動いたのはジャフィエである。反乱の指揮を任されながら、計画を打ち明けたジャフィエによってこの都市は救われた。彼の慈悲心が都市を救ったのである。

　ある意味で「慈悲心」は人間の生まれながらの属性であると言える。人間は自然に自分の家族や同じ集団の仲間たちへの慈悲心を抱くようになる。しかしそれが遠く離れた、あるいは立場や所属集団を異にする「他人」に向けられることはまれである。「他人」の苦しみや痛みに共感することが困難であるからだ。特に革命、政変、戦争など厳しい対立関係が生じている場合に慈悲心が敵に向けられることは考えにくい。むしろそのような場合には、ふつう同胞の利益のために敵を倒すことが求められる。より多くの敵を倒した者が

英雄とされることが多い。ヴェイユはそのような状況をスペイン市民戦争などにおいて何度も目撃した。

　しかしジャフィエは敵側の人々の苦しみや痛みを思いやり、彼らに対して深い慈悲心を抱いた。それは真の慈悲心である。「慈悲は無限の距離を含んでいる」のだ。その慈悲（la miséricorde）というものは「神固有の属性である」とヴェイユは述べる（それは「敵を愛しなさい」というキリストの教えにかなったものであろう）。超自然的な神の愛（この場合、「慈悲心」を「愛」として理解することができる）がジャフィエにはたらきかけて彼を動かしたというのである。

　ところが神的な慈悲心を持って行動したジャフィエには受難が待ち受けている。ヴェイユは、「受難の一つの意味、おそらく、自分の周りにもたらさないようにする苦しみ、恥辱、死が、望まなかったにもかかわらず自分の上に降りかかってくることであろう」[36]と述べている。ジャフィエの場合は、ヴェネツィアという都市を救うために反乱計画を打ち明けたのだが、彼は「二度裏切っている」としてののしられ、殺されるように仕向けられる。「敵を愛し、迫害する者のために祈りなさい」と教えたキリストが十字架にかけられたように。ジャフィエにはキリストのイメージが投影されているとも考えられる。

　ではなぜこのように純粋な人に受難が待ち受けているのか、それはこの世が盲目的なメカニズムを持つ必然性に支配されているからである。そこには神による「保障」は何一つ存在していない。どんな「義人」であっても神による直接的な救済を期待することはできない。むしろ義人の方が苦しみを受けやすいとすら言える。

　敵を憎んで味方を愛する人は少なくとも味方からは愛される。敵からは、愛されることなくても理解されることがある。しかしキリ

第4章　真の神

ストが示した神が善人にも悪人にも平等であるように、敵・味方の区別を超えて深い慈悲心を抱く純粋な人、味方だけではなく、敵側の不幸をも自分の不幸のように感じる人、すなわち神の愛を自分の「いのち」として生きる人が同時代人に理解され愛されることは難しい。むしろそのような人には受難が待っていることが多い。

　より純粋な人が大きな不幸に陥ることは悲劇である。しかしその人の行動により多くの人々が救われることがある。そこにあるのは十字架の神学である。

　また『救われたヴェネツィア』は、目的のためには手段を選ぼうとしない活動家（革命家）の態度を批判した作品としても読むことができる。その点でカミュが創作した戯曲『正義の人々』との同質性がある。

　『救われたヴェネツィア』と『正義の人々』では、時代背景も場所設定も異なる。しかしいずれも愛や慈悲の精神が、「歴史を創る」ことや「正義」などの理念よりも大切であると説かれている。そして、たとえ目的が崇高なものであっても、それを実現するための行動には一定の限界が必要であるという思想が表現されている。政治的目的を達成するための暴力の正当化を認めないのだ。大公が乗っていた馬車に子ども達が乗っていることに気づき、爆弾を投げることができなかった『正義の人々』のカリャーエフは、「あわれみ」によってヴェネツィアを救おうとしたジャフィエをほうふつさせる。ただヴェイユは、ジャフィエが抱いた慈悲心は「神固有の属性である」と述べているのに対し、カリャーエフは神の愛とは異なる人類への愛を強調している。そこに違いがある。

【註】
(1) *Cahiers* Ⅰ, p.251.
(2) ヴェイユは、信仰における態度において特に大切なことは、偽りの神（偶像）を真の神として崇拝しないことであると考える。彼女は次のように述べている。

　「神を信じるか信じないかは私たち次第のことではない。大切なことは、ただ偽りの神々に愛を捧げないことだけである」(*Pensées sans ordre concernant l'amour de Dieu*, p.13.)。
(3) *La Connaissance surnaturelle*, p.275.
(4) *ibid.*,p.109.
(5) *Cahiers* Ⅲ, p.234.
(6) *La Connaissance surnaturelle*, p.88.
(7) *Cahiers* Ⅰ, p.257.
(8) ヴェイユは、キリストが説く神は、老子が説く「道」と同質性があると考え、次のように述べている。

　「中国の道家（taoiste）のテクストはキリスト以前のものであるが——いくつかのテクストは５世紀以前のものである——キリスト教神秘主義の最も深い表現が持つ思想と同じ内容を含んでいる。特に神の行動を非能動的な行動として考える概念」(*Pensées sans ordre concernant l'amour de Dieu*, pp.58-59.)。
(9) *Attente de Dieu*, p.172.
(10) *Attente de Dieu*, p.172.
(11) 前述（第３章の註(44)）したように、ヴェイユは〔イザヤ書〕や〔フィリピ人への手紙〕、〔ガラテヤ人への手紙〕に見られる著述の美しさに感銘を受けたという。そこではキリストの受難とともに、キリストの「自己否定」（「神」としてふるまうことをせず、自分自身を「無」とすること）が語られている。
(12) *Pensées sans ordre concernant l'amour de Dieu*, p.44.
(13) *Cahiers* Ⅱ, p.108.
(14) *ibid.*,p.128.
(15) *Attente de Dieu*. pp.196-197.
(16) *Pensées sans ordre concernant l'amour de Dieu*, p.42.

(17) 前述したように、ヴェイユは、18世紀に（キリストの教えに逆らう）近代の進歩の思想が発明されたことはデカルトにその責任があると考える。その点においてはデカルトの思想を批判的にとらえている。しかし彼女はデカルトを愛し、高等師範学校の卒業論文として『デカルトにおける科学と知覚』を執筆した。彼女の神概念はデカルト的合理主義の影響の下に生まれたと考えることもできる。冨原真弓氏は、ヴェイユの思想の中に、「疑えるものはすべて疑う。不確実なものはすべて退ける。そして何が残るかをみる。徹底した懐疑をくぐりぬけたものだけが検討にあたいする」というデカルト的懐疑の応用を見る（冨原真弓『ヴェーユ』（人と思想107 清水書院、1992年、70ページ）。

(18) *La Connaissance surnaturelle*, p.46.

(19) *ibid.*, p.49.

(20) ヴェイユは真の神を「高いところにいる」神、「天上の神」とも表現している。ヤーウェなどの力の神は天上に存在すると考えられる。しかしその神はこの世の出来事に介入し、この世（地上）においてその存在自体、あるいはその行動のあとを人間が知覚することが可能と見なされ、信仰の対象とされる。ヴェイユはそのような神を「地上の神」、「偶像」とよぶ。

一方、ヴェイユのいう「天上の神」はこの世に介入せず、人間にとって知覚の対象にも信仰の対象にもならない不可知なものである。それはただ人間の内面（魂）における愛のはたらきとしてのみ認められるものなのである。ヴェイユは「天上の神」を説いたのであるが、彼女の思想は、神の直接的な力の行使による救済を求めず、神を信仰の対象としない、という点において、むしろ神信仰を拒否し、「大地に忠実である」ことを説いたカミュの思想に近い。

なお、ヴェイユは神を「実在」と表現するが、それは客観的な知覚の対象となる実在ではなく、霊的な実在である。「隠されているものは目に見えるものよりも実在的である」（*Cahiers* II, p.273.）と彼女はいう。

ヴェイユの言葉の中には、神の直接的な「力」や、神が全能であることの全面的な否定を避けているものがないわけではない。たとえば、

『ある修道士への手紙』で彼女は次のように述べている。

「プラトンは本質的な真理、すなわち、神は善であることを知っていたのです。神はまず善であり、その後で全能（Toute-Puissance）なのです」（*Lettre à un religieux*, p.28.）。

また、『神への暗黙的な愛の種々相』〔『神を待ち望む』所収〕には次のような言葉がある。

「真の神は全能であると考えられる。しかしその力があっても至る所で指令を下しているわけではない。なぜなら、神は天にだけいまし、この世においては隠れているからである」（*Attente de Dieu,* p.130.）。

力の神、全能の神を強く否定する言葉も、その全面的な否定を避ける言葉もほぼ同時期（1942年前後）に書かれた論文に見られるので、その表現の違いがヴェイユの思想の変化を示しているとは言えない。むしろ彼女は著作物の性質の違いによって表現を変えたのではないだろうか。たとえば彼女は、直接特定の修道士にあてて書いた『ある修道士への手紙』では、（カトリックの教義の中に見られる）全能の神というものを全面的に否定する言葉を使うことをためらったのではないだろうか。しかしそれらの言葉においてもやはり神が「善」であること、神はこの世においては隠れていることを強調している、ということには変わりはない。

(21) *La Connaissance surnaturelle*, p.200.
(22) *ibid.*, p.311.
(23) *ibid.*, p.200.
(24) 調和であるということは仲介であるということになる。ヴェイユ『神の降臨』（*La descente de Dieu*）〔『前キリスト教的直観』（*Intuitions Pré-chrétienne*）所収〕では、「キリストには、一方では神と私たちとの間の、他方では神と宇宙との間の仲介者」（p.163.）と述べている。
(25) *La Connaissance surnaturelle*, p.200.
(26) *ibid.*, p.200.
(27) ヴェイユは、「キリストには第4の在り方がある。それは神と自己との関係である」と述べた後に、次のような言葉を続けている。「世界魂、全被造物の長子、人間イエス（そして他の人間はどうなのか、人間ではない被造物はどうなのか、天使、動物、樹木、生命のない

第4章　真の神

物質はどうなのか、オリゲネスを参照)。彼はまた彼を愛する人々によってつくられた社会の集合精神である」。

　一方、ヴェイユは『神の降臨』では、人間的な人格「わたし」を第一人格（la première personne）と表現し、第二人格（la seconde Personne）〈世界魂〔Âme du Monde〕〉や、第三人格（la troisième Personne）〈神的紐帯〔le lien divin〕〉と区別している。

　＊世界魂〔Âme du Monde〕について、ヴェイユは、『アメリカ・ノート』（Cahiers d'Amérique）〔『超自然的認識』（La Connaissance surnaturelle）所収〕では、キリストがこの世界魂であると述べ、『プラトンにおける神』（Dieu dans Platon）〔『ギリシャの泉』（La Source grecque）所収〕では、「創造との関係において、他の世界とこの世界との交差点に仲介者として生み出された神である」（La Source grecque, Gallimard, p.134.）と述べている。さらにプラトンのいうエロースも世界魂と同一であるとしている。

(28) *La Connaissance surnaturelle*, p.201.
(29) *Attente de Dieu*, p.46.
(30) *L'Enracinement*, p.211.
(31) *Poèmes suivis de Venise sauvée*, Collection Espoir, Gallimard,1968. pp. 58-59.
(32) *ibid.*, p.78.
(33) *L'Enracinement*, p.45.
(34) *ibid.*, p.48.
(35) *Poèmes suivis de Venise sauvée*, p.46.
(36) *ibid.*, p.44.

第2部　シモーヌ・ヴェイユ

第5章　霊的結婚と遡創造

［1］霊的な死

　カミュとヴェイユはともに死後の生命（永世）を信じない、という思想を共有していた。しかし「死」については大きく異なるとらえ方をしている。
　この世界の美しさを称え、そこに生きることに大きな喜びを見出したカミュは、「死ぬことの恐怖」を語り（『結婚』など）、人間に死が与えられたことを「永遠の不正」（『ドイツ人の友への手紙』など）と考える。また、「反抗は原則的に死に対する抗議」（『反抗的人間』など）であるという。
　一方ヴェイユは自分が生きているのは「神の犠牲」であると考える。そして死については次のように述べている。[1]

　　　生まれることはアダムの盗みに荷担することであり、死ぬのはキリストの回復に加わることである。だが同意によって加わるのでなければそれは救いにならない。救いとは死に同意することである。[2]

　　　私たちは生まれることによって原罪の中に入れられ、死によってそこから引き出される。[3]

　ヴェイユは生に災厄を見出す。その背景には、彼女が他者の不幸に大変敏感であったという事実があると考えられる。当時は広大な

203

第5章　霊的結婚と遡創造

　植民地を有し、第一次世界大戦の戦勝国であったフランスの国籍を持ち、経済的に恵まれた中産階級出身の教師であった彼女は、敗戦国の人々、失業者や植民地の人々などの社会的弱者に対して優越感ではなく負い目を感じていた。そして彼らに寄り添って生きようとする中で、自分が属する集団がそのような社会的弱者の苦しみの原因を作り出しているのではないか、と考えるようになり、罪の意識を深めた。また彼女は、頭痛が起こる時、「他の人の額の同じ部位を殴打して痛い目にあわせてやりたい」という欲求を持ったが、それを「重力（la pesanteur）への服従」と呼び、そこに最大の罪を認めた。さらにスペイン市民戦争などの体験を通して人間の残虐な側面を知り、罪深い性質を人間の宿命のようにも考えるに至った。そして死を救いと考えるようになった。

　人間の根源的な罪や悪への認識を深めたという点については、カミュも同じであるが、死を敵と考えたカミュと違って、ヴェイユは、死に救いを求めたのである。彼女にとって、死は、罪にまみれた生を終わらせることなのだ。ただしその死とは肉体の死ではない。彼女は自殺を否定している(4)。それは魂の死なのだ。では魂の死とは何だろうか。

　ヴェイユは人間の魂を人格的部分と無人格的部分の二つに分ける。彼女はこのうち人格的部分（第一人格、罪の部分）のことを「私」(je)、「自我」(moi) とも表現しているが、それは前述したように人間を真理から遠ざけ、人間社会に悪をもたらす罪の部分であり、人間の苦しみの土台であると考えた。彼女は人間を苦しめる悪を人間の外側よりもむしろその内側に見出すのである。

　彼女によれば人間は創造され、この世に存在することによって重力の法則に身をゆだねるようになった。人間の中にある「私」「自我」といわれる魂の人格的部分はこの法則に従っている。しかし神

は人間の中に唯一創造されなかった部分を残している。それが重力の法則から免れた魂の無人格的部分なのだ。そしてもし私たちが魂の人格的部分を無化してゆけば、やがてこの無人格的部分に神の愛が宿るようになると考えたのである。

　人間が魂の人格的部分を無化すること（解脱）をヴェイユは「魂の死（la mort de l'âme)」、または「霊的な死（la mort spirituelle)」と表現する。そしてこの「霊的な死」によって魂の無人格的部分に神の愛が宿り、やがてそれが成長して人間が神と内面において一体化することに救いを見出したのである。このような人間と神との一体化は「霊的結婚」(le mariage spirituel) と表現される。霊的結婚の前提となる「魂の死」とは人間の中にある魂の罪の部分、すなわち人格的部分を無化することであるが、これは広い意味での「自己否定」と見なすことができる。ヴェイユは、自己否定に神の本質の一つを見出すが、人間もまた自己否定を経てその神と一体化できるようになると考えたのである(5)。

　「霊的結婚」に関する記述はヴェイユのさまざまな作品の中に見られるが、より整理された内容となっているものは『神を待ち望む』に収められている『神への愛と不幸』および『神への暗黙的な愛の種々相』である。これらの作品を中心に彼女の「霊的結婚」の思想について考えていきたい。

［2］神の導きと隣人愛

　ヴェイユによれば、『新約聖書』のイエスの教えの中にある、「神を愛しなさい」という戒めには、「神自身で、未来の妻の手を取りに来る時、魂はそれに同意を与えることもできるし、また断ることもできるということが暗に前提となっているばかりでなく、神が訪

ねてくる前から愛していなければならない」という意味がある。ただ、この世に直接現れたことのない神を対象にすることはできないので、この世の別の対象を求めることになる。それはやがて神を愛する愛となるはずのものである。従ってヴェイユは「その愛のことを、神への間接的な愛、または暗黙的な愛と呼ぶこともできる」という。

　そして彼女は、その神への暗黙的な愛には三つの直接的な対象しかないという。それは「この地上においては、神がたとえ隠れたかたちであっても、真に現存している対象は三つしかない」からである。その三つの対象とは、隣人、世界の美しさ、宗教的な勤めである。

　まず隣人愛から考えてゆきたい。カミュの『正義の人々』では、「正義（justice）よりも愛を」というドーラの言葉がある。そこでは正義に対する愛の優位性が説かれている。一方ヴェイユは、「福音書は隣人愛と義（justice）とにどんな区別ももうけていない」と述べている。本来のキリスト教においては、愛と義は別のものではなく、同一のものとしてとらえられている、と彼女は考えるのだ。また彼女は「隣人愛は創造的な注意力から成るもの」であるという。不幸な人々に注意を向けること、そこから隣人愛が生まれるのである。ただそれは大変難しく、「ほとんど奇蹟に近い」と彼女は考える。しかし神の愛が人間の魂に下ってくればそれは可能となる。

　　　隣人愛は、神から人間の方へと下ってゆく愛である。それは人間から神の方へ上ってゆく愛に先立つものである。神は急いで不幸な者へと下ってくる。だれよりも劣った、みじめな、ゆがんだ魂であろうと、いったん魂がそうしようという気持ちにさえなるならば、神は魂の中へ急いで下ってきて、魂を通して不幸な者を見つめ、不幸な者の声を聞こうとする。ただ時が

たってからやっと魂はこの神の臨在を知るようになる(10)。

　キリストのために隣人を救ってはならない。キリストを通して救うべきである。自我が姿を消し、我々の魂と肉体を仲立ちとして、キリストが隣人を救うというかたちになるのがのぞましい。不幸に陥っている人に救いの手をさしのべるようにと主人に命令された奴隷のようにならねばならない。救いは主人からもたらされるが、それは不幸な人に向けられたものである。
　〈中略〉
　キリストは父なる神のために苦しんだのではない。父なる神の意志によって、人々のために苦しんだのである。
　〈中略〉
　神のために隣人のところに赴くのではなく、射手によって放たれた矢が的に向かうように、神にうながされて隣人の方に赴くべきである(11)。

　隣人愛は神に由来し、神に向けられる愛に先立つ愛である。ただ間違ってはいけないことは、私たちが神にあって不幸な者を愛するというのではなく、「私たちの中にいます神が不幸な者を愛する」ということである。神への愛のために愛するのではない。「神への愛ゆえに、飢えた人にパンを与える人があっても、キリストからほめられることはない」。そして「キリストは誰に食べ物を与えているのか知らなかった人々に感謝する(12)」のだ。

　キリストが、良きサマリア人のたとえを通して教え、そして彼自身も実践したように、差別なく不幸な人々に対して無償の愛を捧げること、ヴェイユによればそれは重力に従う人間の本性（弱き者を

攻撃する）に反することである。しかし神の愛を魂に宿すことによって自然にそれが可能となる。隣人愛とは、実は人間自身の愛ではなく、人間を超えた大いなる（神の愛）に導かれて自ずから生み出される超自然的な愛なのである(13)。

　本当の神性というものは、水の上を歩いたり、死者を蘇らせたりするような、いわゆる「奇蹟」（一般的な意味においての）を起こすことではなく、純粋な心で隣人を愛するはたらきなのである(14)。

　カミュもヴェイユも人間愛の精神を称え、自らもそれを実践した。ただその愛を人間自身の愛として考えたカミュと異なり、ヴェイユはその愛の根源に神を見るのだ(15)。

［3］世界の秩序への愛と必然性の受容

　カミュは『結婚』などの作品において世界の美しさを強調した。ヴェイユもこの世界の美しさをたたえ、それを愛することに特別の意味を認める。彼女は世界の秩序、世界の美しさへの愛は隣人愛を補い、「隣人愛と同じ自己放棄から生じる」ものであるという。

　ヴェイユによると古代においては世界の美しさへの愛は、人間の思考において非常に大きい位置を占め、人間の生活全体をすばらしい詩で包んでいた。中国でも、インドでも、ギリシャでも、どの国民においても同じであった。キリスト教においては、中世の聖フランチェスコや近代初期の十字架の聖ヨハネにおいてそれを確かめることができる(16)。聖フランチェスコの詩は「詩としても完全であったばかりでなく、彼の生涯全部がいわば生きた完全な詩であった」。「十字架の聖ヨハネにおいても世界の美しさについてのすばらしい詩がいくつか見出される」(17)。

　ただヴェイユは、「中世時代の忘れられたものの中には、知られ

第2部　シモーヌ・ヴェイユ

ていない宝、あるいはほとんど知られていない宝、または多分埋もれている宝が隠されており、このような点は留保しておくのが適当であるが、一般的に言えば、キリスト教の伝統の中には世界の美しさという面が欠けているということができる」(18)と指摘する。それは弟子たちが広く一般に知れ渡っている主題に関するものをのせるのは無用であると判断したからであると彼女は考える。それでも福音書では2回ほど取り上げられているという。

　　一度はキリストが野に咲く百合の花や空の鳥を見て、彼等が未来のことを思い煩わず、運命に従順なのを学ぶようにと命じているところであり、もう一つは雨や太陽の光が誰にでも区別なく与えられているさまを見てそれらを学ぶように言っているところである(19)。

　ヴェイユは「この現代において、白人の国では、世界の美しさは、神を深く受け容れることのできるほとんど唯一の道である」という。なぜなら「私たちは他の二つの道からはさらに遠ざかっている」(20)からである。
　しかしこの世界の美しさへの愛は中世以降、聖フランチェスコなど一部の例外を除いて人間の精神世界からさらに消えていく。確かにルネサンスに、人々は古代と精神的につながりがあるように思い込んだが、結局、古代からつかんできたものは芸術や科学など古代の霊感が生んだ二義的な産物にすぎなかった。古代の中心的な霊感については、ただほんのわずかに表面をかすってきただけである。世界の美しさともう一度ふれあうことはできなかった。そして今日では特に白人種が武器や商業や宗教を携えて行ったどの大陸においても一生懸命こういう感受力を消し去ろうと努めてきたように見えるとヴェイユはいう。

第5章　霊的結婚と週創造

　世界の美しさを愛することの障害になりうると考えられるものはこの世界を支配する必然性である。必然性については、『神を待ち望む』の他に、『神への暗黙的な愛の種々相』や『前キリスト教的直観』にも詳しく述べられている。これらの二つの作品を基にヴェイユにおける必然性の問題について考察したい。

　ヴェイユが語る必然性とは、巨大な力をもつ機械的で盲目的な世界の自然のメカニズムのことである。そこには究極的な目的も価値などによる選択もない。「善人」も「悪人」も同様に太陽や雨の恩恵を受ける反面、同様にかんばつや洪水などによって打ちのめされる。神の摂理ではなく、必然性に支配されたこの世においては、人間は人間界を超えた世界からのいかなる保障も得られない。いかに献身的な善行に励もうとも、いかに厚い信仰を持とうとも、過酷な運命が襲いかかってくることがある。『旧約聖書』の〔ヨブ記〕のヨブが訴えたように、悪人が栄え、正しい人が大きな不幸に陥るという不条理なこともしばしば起こる。こうした必然性は人間にとって過酷なものである。

　特に「必然性は人間が第一人格について考えているかぎり人間の敵である」[21]。第一人格、それは人間の中で、〈私は〉と自己主張する部分である。すなわち必然性は「〈私は〉（je）という人間にとっての敵」[22]なのである。しかしその人間の敵ともいえるような過酷な必然性を、私たちが虚偽の慰めを求めることなく、そのまま受け容れると私たちの視点が変わる。

　　私たちが必然性に同意することによって第一人格について考えることを放棄すると、私たちは必然性を外から、私たちの上から見ることになる。なぜなら私たちは神の側に移ってしまっているからだ[23]。

第2部　シモーヌ・ヴェイユ

　第一人格について考えることを放棄すること、それは解脱である。必然性を受け容れることと解脱することは深く結びついている。そしてヴェイユは、そのような人間の変化の根底に神のはたらきを見る。彼女は次のように述べている。

　　この同意は真実まず第一に純粋な不条理である。従ってそれは超自然的である。それは恩寵のみの所産である。⁽²⁴⁾

　私たちの視点が神の側に移ると必然性のメカニズムはまったく違ったものとしてあらわれる。

　　必然性と思われていたものが服従となる。物質はまったく受動的であり、従って神の意志に全面的に従うものである。物質はこの点で私たちにとっても完全な模範になる。神と神に従うものの他には存在というものはあり得ない。その完全な服従ゆえに、物質は、その主であるものを愛する人々から愛される価値がある。⁽²⁵⁾

　　すべては神に服従しており、従ってすべては完全に美しい。⁽²⁶⁾

　ここで説かれている神とは、ヤーウェのような人格神ではない。あらゆる区別・対立を超えて実在する「絶対善」である。従ってそうした神に万物が従っているこの世界には究極性や意図がない。究極性や意図がないということは、時間がある目的に向かって直線的に進行しているのではなく、回転運動をしているということであり、また必然性が支配しているということでもある。しかしそこにこそ美の本質がある。

第5章　霊的結婚と遡創造

　究極的なものがなく、意図がないということこそ、世界の美しさの本質であるから、キリストは私たちに対して、雨や太陽の光が正しい者の上にも悪人の上にも区別なく注がれているようすを見るようにと命じたのである。このことはまた、プロメテウスの崇高な叫びをも思い起こさせる。「すべての人のために、同じ一つの光があり、天の定めによって回転する」。キリストは、このような美しさをまねるようにと、私たちに説いているのである。プラトンもまた、『ティマイオス』篇の中で、観想をすることによって、私たちがこの世の美しさと似た者となるように、また、昼、夜、月、季節、年を次々と生起させ、循環させる回転運動の調和に似た者となるように勧めている。こういう回転運動においても、その全体の仕組みの中には、意図や究極的真理がないことは明らかである。そしてそこには純粋な美しさが輝いている(27)。

　またヴェイユは、この世を支配する必然性には共存という正しさの原理もあるという。

　必然性はまた正しさにも関与する。しかしある意味では、それは正しさと反対のものである。プラトンが言うように、必然的なものの本質と善の本質との間にどのような相違があるかを知らない限り、何も理解できない。人間にとって正しさとは、まず一つの選択として、善の選択、悪の拒否として考えられる。必然性は選択の不在であり、無関心である。しかしそれは共存の原理である。そして根本的には我々にとって至高の正しさとは、事実上存在するすべての存在、すべてのものが我々と共存することを受け容れることである。敵をもつことは赦されるが、

敵が存在しないことを願うことは赦されない(28)。

　キリストの最も深く難解な言葉の一つが、この不条理を出現させている。人間たちがこの必然性に対して浴びせる最も苦い非難は、それが精神的諸価値に対して絶対的に無関心だということである(29)。正しい者たちも犯罪者たちも平等に太陽と雨の恵みを受ける。正しい者たちも犯罪者たちも平等に日照りにおそわれ、洪水におぼれる。キリストがわれわれを誘ってわれわれの〈天なる父〉の完全性の表現そのものとして凝視せしめ、まねをしなさいと教えるのは、まさにこの無関心である。この無関心に倣うことは、単にこれに同意することであり、存在するものすべての存在を受け容れること——われわれがただそれを避ける可能性と義務を持っている悪だけは別だが、——悪をも含めてすべてのものすべての存在を受け容れることである。この単純な言葉によって、キリストはストア派の全思想を、また同時にヘラクレイトスとプラトンとを併合したのである(30)。

　ここでヴェイユは二つの正しさについて述べている。一つは、人間にとっての正さとしての善の選択、悪の拒否である。もう一つの正しさは「事実上存在するすべての存在、すべてのものが我々と共存することを受け容れること」、すなわち選択の不在である。このうちヴェイユは後者を「至高の正しさ」であるという。
　前述したように人間社会では善悪が区別される。すなわち善が選択され、悪が拒否される。しかしこれはあくまで人間社会の正しさなのである。相対的な正しさであると言ってよいであろう。一方、選択の原理が支配する人間社会を超えた世界では、キリストの言葉にも示されるように、人間社会に見られるような区別や差別はなく、

すべてのものがそのまま受け容れられている。そこに「至高の正しさ」があるという。そしてヴェイユはこうした正しさこそがキリストが説く「完全性」であり、我々がまねるべきものであると考えるのだ。

カミュは、『反抗的人間』では、絶対的正義から相対的正義を区別した。そして反抗は相対的正義を追求し、（暴力の正当化につながる）絶対的正義を否定する、と述べた。彼の言う絶対的正義とは、たとえば「正しい」ものを選び「悪」を退けるという選択の原理を絶対化するものである。

選択の原理に基づく正義（人間社会の正義）は本来相対的なものであって、それを絶対的なものと見なしてはならない、とする考え方においてカミュとヴェイユの認識は共通している。ただカミュは（「人間たちのいない自然」に美と意味を見出したが）、無垢な子供たちまでもが苦しみぬいて死んでいくという（必然性に支配された）この世界の過酷なメカニズムには正義というものを認めていない。むしろそのような世界に対する闘いを口にする。[31]

一方ヴェイユは、必然性が支配する世界の過酷さを認めつつも、そこに選択の原理によらない（それを超えた）「至高の正しさ」（それは相対的な区別を絶対化するという意味ではなく、対立を超えるという意味での「絶対的な正しさ」ということもできる）があり、それは共存の原理であるという認識を持った。[32] ここに両者の違いがある。

［4］美と芸術

この世界は人間にとって過酷とも言える必然性に支配されている。しかしそこには本当の美しさがある。また至高の正しさも見られる。

そしてその必然性を受け容れることは神を愛することにほかならないとヴェイユは考える。

　　無神論を含めて、宗教的なものに対して告白される信仰がどのようなものであっても、必然性への真正で無条件の完全な同意があるところでは、豊かな神への愛があり、他のところにはない。(33)

またヴェイユは、世界の美しさの中にキリストの臨在を見る。

　　キリストは宇宙的な美しさの中にこそ、まさしく臨在する。この美しさへの愛は、私たちの魂の中に下ってきた神から出て、宇宙に臨在する神の方へと向かう。ここにもまた何か秘跡的なものがある。(34)

　ここでヴェイユが「世界の美しさを模倣する」と表現した芸術活動についての彼女の考え方にふれてみたい。
　カミュは美が約束する「生きた超越が存在」し、「芸術は永遠の生成の中で消える価値に形態を与えようとする点で、我々を反抗の原点に引き戻す」と述べて芸術の価値を高く評価している。ヴェイユもカミュも芸術の重要性を指摘するという点では同じであるが、やはり両者の視点には違いもある。
　ヴェイユは、「無関心」な世界に神を見出さなかったカミュと異なり、無関心な世界の美に神の実在を見出す。そして彼女は芸術活動は宗教的ないとなみであると考える。彼女は次のように述べている。

第5章　霊的結婚と遡創造

　　われわれのうちに美の純粋で真正な感情を引き起こすものすべてに神の実在的な現存がある。世界には一種の神の受肉のようなものが存在しており（『ティマイオス』）、美はこの受肉の刻印である。秩序づける〈ロゴス〉。
　　美は受肉が可能であることの経験論的な証明である。
　　それゆえ一流の芸術はすべて本質的に宗教的である[35]。

　　自然と芸術（ただし、完璧又はそれに近い一級品の芸術のみ）の中にある美の神秘は信仰の神秘を感知できる形で反映したものであると私は思います[36]。

また彼女は芸術作品と神のわざとの同質性を指摘する。

　　芸術作品には一人の作者がある。しかしながらその作品が完全なものである時、何か本質的に無名であるようなものを持っている。その作品は神のわざの無名性を模倣している。従って世界の美は人格的であるとともに非人格的でもあり、またそのどちらでもない神を証明する[37]。

　前述したように、ヴェイユは神のはたらきを「非能動的活動」と表現している。それはこの世のものを選別・区別するような意図や目的を持たないおのずからなるはたらきを意味する。そのような神のわざについてここでは「無名性」という言葉で示している。そして芸術作品は、その神のわざにならい、神を証明するものであるという。すなわちそれは人間の意図を超えた神秘的なはたらきによって創作されるものであるというのだ。彼女は次のようにも述べている。

一級の芸術作品は、たとえその主題がどんなに世俗的なものであっても、すべて神が霊感を与えたものである。[38]

　さらに彼女は、芸術家の中でも特に詩人に注目し、詩人の活動と隣人愛との同質性について言及する。

　　詩人は実在的なものに注意力を固定させて美を産む。愛の行為も同じである。空腹と寒さに震えているこの人が私自身と同じように現存していると知ること、本当に空腹と寒さで苦しんでいるのだと知ること、これで十分である。その後は自然に行動が起こる。
　　人間の活動における真・善・美の真正にして純粋な価値は、唯一の同じ行為、充分な注意力を対象に注ぐという行為から生じる。[39]

　ヴェイユは注意力を対象に注ぐという行為（彼女はその行為は自己放棄のあり方の一つと見なしている）は詩人の活動と隣人愛に等しく見出され、両方とも人間の意図を超えた「おのずからなる」行為であると考えるのだ。さらに彼女は次のように述べている。

　　労働者はパンより詩情を必要とする。彼らの生活が詩であることが必要である。[40]

　ヴェイユは、低賃金労働者や失業者などの社会的弱者の側に立って闘った。しかし彼女は彼らの物質的諸要求が満たされるだけで彼らが救われるとは考えなかった。彼女は労働者にはまず詩情が必要であると考える。詩情は宗教を源泉としており、それは人間にとっ

第5章　霊的結婚と遡創造

て「ぜいたく品」ではなく「必需品」であるというのだ。

[5] 宗教的な勤めへの愛と功徳

　ヴェイユは「既成宗教への愛は、神という名がそこに必ず見出されるとしても、それ自体は、神への明白な愛ではなく、暗黙的な愛である」(41)と考える。なぜならそこに神との直接的な接触は含まれていないからである。そして彼女は、宗教的な勤めには、たとえば魂を変革し、救済するという功徳があるとする。まず彼女は仏教の浄土信仰の例を指摘する。

　　宗教的な勤めがどのような功徳を持っているかという点については、主の御名を唱えることについての仏教の伝承を参考にするとたいへんよく理解できる(42)。仏に救ってもらいたいとの願いを込めて、仏の名を唱える人は、誰でも、浄土にいる仏のところまで引き上げてやろうという誓願を仏は立てたと言われており、この誓願のゆえに、主の御名を唱えることには、真に魂を変革する功徳がともなうとされている。
　　宗教とは、こういう神の約束以外の何ものでもない。すべての宗教的な勤めも、すべての儀式も、すべての典礼も、主の御名を唱える一つの形式であるが、それぞれ、原則的には、まさしく実際に一つの功徳を持っているはずのものである。それは救われるという望みをもって、その勤めに専心する者をすべて救う功徳である(43)。

　またヴェイユは、「非常に不完全な媒体であったに違いない」宗教もある、としながらも、「一般に言って、諸宗教を段階づけるの

は、たいへんむずかしいことである。ほとんど、あるいは、まったく不可能なことであると言える」と述べる。なぜなら「宗教というものは内部からしか十分知られないものだから」である。そうした視点から彼女は、安易に宗教を変えたり、また異教徒や未信者を改宗させたりする行為を否定的にとらえる。

　生まれた地域の宗教の不完全さがあまりに大きい場合、または、自分の生まれた場所では、その宗教があまりにも腐敗した姿を見せつけている場合、または何かの事情で、この宗教への愛が芽生えるのが阻止されたり、その愛が圧殺されたりした場合、外国の宗教を採り入れることが正当であると認められる。ただし、それは一部の人々にとってだけであって必ずしも全部の人に許される必要なことではないのかもしれない。どんな宗教上の勤めも果たさずに育ってきた人々の場合についても同じである。
　そのほかの場合にはいつでも、宗教を変えるということは、非常に大きな決心を要することであり、まして、ほかの人にそんなことをせよと強制するのは、いっそう重大な事柄である。

　神を一切の対蹠物をもたない無人格的な実在と見なし、カトリック教会関係者が植民地主義者に協力する形で「新大陸」などでしばしば先住民にキリスト教を押しつけた、ということを厳しく批判したヴェイユは、宗教を段階づけることはほとんど、あるいは完全に不可能であると見なし、できるだけ外国の宗教を入れるべきではない、とする思想を持つに至ったのである。

第5章　霊的結婚と遡創造

［6］調和によって成り立つ平等としての友愛

　ヴェイユは、神への暗黙的な愛として、隣人、世界の美しさ、宗教的な勤めの三つを挙げた後に「友愛も付け加えるべきであろう」と述べている。そして「友愛は、隣人愛と区別されるべきものである」という。彼女によれば、友愛は「純粋な人格的・人間的な愛で、神への愛の予感と反映を含む愛」なのである。ヴェイユはそのような友愛の本質を示す言葉として、「友愛は調和によって成り立つ平等である」というピュタゴラス学派の人々の言葉を引用する。調和があるというのは「必然性と自由という二つの相反するものの間の超自然的な一致」があるからだ。またヴェイユは、友愛には「何か無人格的なところがある」という。無人格的であるとは人間的な意図やはからいがないということである。また価値による区別や選別がないということである。ヴェイユはイエスが示した神に無人格（自己否定を含んだ人格）性を見た。さらに彼女はその神への暗黙的な愛である、隣人愛、世界の美しさへの愛、宗教への愛、そしてこの友愛も本来無人格的なものであると考える。友愛は無人格的なはたらきである「太陽の光や雨をどこにも分け与える天の父の完全さをまねることをまったく妨げない」(47)ものなのだ。

　またヴェイユは、キリストが弟子達に向かって「あなた方は互いに愛し合いなさい」と言われた言葉の中に見られるのが友愛であるとする。キリストは弟子達に「愛着を持ちなさいと命令なさったのではない」。彼が命じられたものは、当時すでに弟子達の間に、共通の思想、共同の生活、習慣によって自ずとできあがっていたきずなを不純な執着や憎悪に向けさせないために友愛に変えよ、ということであった。

さらにヴェイユは、「純粋な友愛は、原初の完全な友愛、すなわち三位一体の神の友愛、神の本質そのもののイメージである」と述べる。「もし神がその中に臨在していなければ、二人の人間が一つになり、しかも二人を分け隔てる距離を細心に尊重することは不可能」であるからだ。

［7］遡創造の完成

　ヴェイユは、神への暗黙的な愛として、この世界の美しさ、宗教的な勤めへの愛をあげ、こうしたものを愛している期間を、真に神を愛せるようになるまでの「準備期間」とよんでいる。
　ヴェイユはこの準備期間を経て、「自我」が死ぬこと、すなわち解脱することで人間の魂が神と霊的に一体化していく道を示しているが、ここで注目されるのは不幸の「効果」である。ヴェイユは『ペラン神父への手紙』において、1938年のソレムでの体験で不幸を通して「神の愛を愛することが可能であること」を理解したと述べ、本来は避けるべきものである不幸に肯定的な側面もあることを示している。また、その具体的な効果については『神への愛と不幸』及び『神の降臨』などで詳しく述べている。
　ヴェイユによると、「不幸とは、苦しみの領域において何か特別なものであり、他のものに還元することができないものである」。それは「魂をとらえ、不幸だけにつくしるし、奴隷の刻印を魂の底まで刻みつける」。また、不幸は「意に反して頭から押しつけられるもの」である。たとえ善人であっても不幸から免れてはいない。いやむしろ純粋な人ほど不幸に陥りやすい。この世では、「すべての善は何かの悪と結びついているのだから、もし人が善を望み、しかもそれに伴う悪を身の回りに及ぼしたくないと思うならば、その

第5章　霊的結婚と遡創造

悪を避けることができないので、それを自分の身に集めざるを得ない」のである。
(51)

不幸の中で人間は生きながらアルバムの上にピンで留められた蝶のようにもがき苦しむ。そして不幸に襲われた魂はたえず問いを叫び続けずにはいられない。それは「なぜ」という問いかけである。「なぜ自分には食べ物がなかったり、疲労や虐待によって消耗したり、近いうちに射殺されなければならなかったり、あるいは病気になったり、投獄されたりしなければならないのだろうか」。

彼の「なぜ」という問いの意味するところは、「どんな原因で」ではなく、「どんな目的で」である。十字架にかけられたキリストも問いかけた「なぜあなたは私を見捨てられたのですか」。しかしその不幸な人の「なぜ」という問いにはどんな解答も伴わない。私たちは必然性の中に生きているのであって、合目的性の中に生きていないからである。このような時、もし私たちが「悪しき者になることに同意」したり、死後の幸福な生活や神の摂理のはたらきによる救済など、不幸の現実を覆い隠すような慰めを求めればこの苦しみは軽減されるかもしれない。しかし、そのような「不幸の中の慰めはすべて人を愛と真実から遠ざける」。魂が慰めを拒否し、答えのない問いを発し続けていれば「この秩序（空）（vide）にふれる」。
(53)

私たちが不幸と出会い、それをごまかさずに耐え抜くことで、この世界には究極的な善が存在しないこと、すなわち必然性が支配し、神が不在であるという認識を深めていくのだ。この世にあるとされる究極的な善、この世に直接はたらきかける力の神というものは、自我が生き延びるために作り上げた虚構（偶像）にすぎない。それらを虚構（偶像）としてはっきり認識していくことで魂の死（解脱）を完成させていくことになるのである。
(54)

その時「もし魂が愛することをやめないならば、いつの日か、答えはないのだからその叫び求める答えではなく、いかなる答えよりも無限に意義に満ちた何ものかとして、神の言葉そのものとして、沈黙の言葉を聞く日がくる」。姿をあらわした神の愛は魂の死によって生じる空所を埋めていく。初めは小さな種子にすぎなかった神の愛はひとりでに成長し、魂が神のものとなる日がやってくる。その日は「単に魂が愛することに同意する時であるばかりでなく、本当に現実に愛する時である。その時、魂は今度は自分の方からこの世界を通り抜けて神の方へと行かなければならない」。それは途方もないことである。しかしヴェイユは一つだけ方法があるという。その方法はやはり不幸を通して用いられる。

　　不幸は、神の技術の驚異である。それは簡単ではあるが、巧みな一つの装置であって、有限な被造物の魂の中に、この盲目的な荒々しい冷酷な無限の力を打ち込んでくるのである。神と被造物との間を隔てる無限の距離全体が全く一点に集中して、魂の中心に穴をうがつのである。
　〈中略〉
　　釘を打ち込まれても、じっと神の方へと向けられる魂を持っている人は、いわば宇宙の中心に釘づけられているのである。それは真の中心であって、単なる真中ではなく、空間と時間の外側にあり、神そのものである。空間にも属さない次元、時間でもない次元、全く違った次元において、この釘は、全被造物を超え、神と魂を分かつ厚い帳を貫いて穴をうがったのである。

　釘とは極端な不幸である。そして釘の頭とは全必然性のことである。この世を支配する必然性によってもたらされる不幸に襲われて

も、なお神を愛し続けることができれば、その人の魂は神へと向かう通路を見出し、やがて神と交わることができる。⁽⁵⁹⁾

　　この驚嘆すべき次元のゆえに、魂は自分がつながれている体がある場所と時間とを離れ去ることなく、空間と時間の全体を超え、神が居るその御前へと至りつくことができるのである。
　　魂は、全被造物と創造者が交わる点へと到達する。この交わる点こそ十字架の横木が交叉する点である⁽⁶⁰⁾。

　ヴェイユはこのような魂と神とのふれ合いは「真の秘蹟である」と考える。しかしこのような神の愛に生きることはこの世から離脱してしまうことではない。むしろこの世に対する愛をより確かなものにしていくことである⁽⁶¹⁾。

　　神への愛のために、この世に対する純粋な愛を失ってしまったような人は、神を本当に愛する人ではない、ということは確実であると言える。隣人にしろ、友人にしろ、宗教的な儀式にしろ、世界の美しさにしろ、魂と神との直接的なふれ合いがあった後に、非現実的なものの地位に転落することはない。かえって反対に、その時こそ、これらのものが現実的となる。それ以前には、半分夢のようなものにすぎなかった。それ以前には、いかなる現実性もなかったのである⁽⁶²⁾。

　ところで神を愛するのはすでに神のものとなってしまった魂であるから、それは神そのものであると言ってよい。神は人間にとって対象とはなりえない。従って神を愛するということは、実は「私」が消え去って、神が神を愛するということである。「私が無（rien）

になるにつれて、神は私を通して自身を愛するようになる(63)」のである。また、この世のものを愛する愛も神の愛である。いずれの場合も、人間が愛の行為を行ったとしても、それは神の愛のはたらきによってその行為を行っているのであって、人間自身のはからいによる行為ではないから、人間は受動的である。こうして人間が神の愛に生きるようになった時、霊的結婚は成就し、創造の最終目的である遡創造は完成する(64)。

ただ、ここで注意すべきことは、人間の魂が神のものとなり、遡創造が完成するといっても、その神は、力を行使せず自己自身を否定する神、魂の死（解脱）へと向かう人間の模範となる神、別の言い方をすれば神であることを否定することによって神であるような神であるということだ。人間はその神の愛を魂に宿すという形で神と合一するのであるから、神のものとなった人間の魂は他者への純粋な愛（神的な愛）に生きることができるようになっても、全知全能の人格神としての力を身につけるわけではない。ヴェイユのいう霊的結婚は人間の「神格化」とはまったく異なるものである(65)。

【註】
(1) ヴェイユによれば、「創造というものは、神の側から言えば、自己を拡大する行為ではなく、身を引き、自身を否定する行為」（*Attente de Dieu*, p.131.）である。すなわち「神は私たちに生存を与えることによって身を引かれた」（*La Connaissance surnaturelle*, p.264.）。彼女はこの「身を引く」という行為を「神の犠牲」と考えるのだ。
(2) *La Connaissance surnaturelle*, p.169.
(3) *ibid.*, p.169.
(4) ヴェイユは、「死を通過しなければならない。―古い人は死ななければならない。しかしその死は自殺ではない」（*Cahiers* Ⅰ, p.202.）と述べている。
(5) ヴェイユが「救い」と表現した「死」は魂の死であって肉体の死ではない。しかしその魂の死を実現するには、自己の肉体の死、すなわ

第 5 章　霊的結婚と遡創造

ち自己の消滅をごまかせずにそのまま受け容れることが必要であるとされている。彼女にとって 死とは「人間に与えられたものの中で最も貴重なもの」なのである。その点でやはり死というものを「永遠の不正」としてとらえるカミュの思想とは異なっていると言える。また、「魂の死」は広い意味での自己否定と見なすことができるが、『神の愛についての雑感』では、「この自己否定こそキリストの弟子となるための条件である」(*Pensées sans ordre concernant l'amour de Dieu*, p.114.) という言葉が見られる。

(6) *Attente de Dieu*、p.122.

(7) *ibid*., p.122.

(8) *ibid*., pp. 122-123.

(9) ヴェイユは注意力について、「自分の思考を停止し、思考を待機状態にし、思考を空しくして対象に入り込みやすいようにし、利用すべき既習のさまざまな知識を自分の内部で思考のごく近くの、思考よりは低くて、それとは直接に関係のない段階において保持していることである」(*Attente de Dieu*、pp.92-93) と述べている。

　また彼女は、パウロの「信仰とは見えないものを見ることである」〔ヘブライ人への手紙 11・1〕という言葉を引用し、「注意力がはたらいている瞬間には愛とともに、信仰が現実に現れている」(*Attente de Dieu*, p.136.) と述べている。すなわち道ばたで動こうともせず、誰からもその人間性が存在するとは思われない苦しむ人々に注意を向けるということはふつうは「見えないもの」を見ることであり、そこに信仰が現れるというのである。

(10) *Attente de Dieu*, p.137.

(11) *Cahiers* II, pp.268-270.

(12) *Attente de Dieu*, p.139.

(13) ヴェイユが「主の祈り」(イエス＝キリストが弟子たちに教えたとされる祈り〈『新約聖書』の〔マタイによる福音書〕6.6-13』所収〕)の中に見られる一節「われらの日用の糧を今日も与えたまえ」(フランス語訳の一例は Le pain de la journée, donne-le-nous aujourd'hui.) 〔la bible bayard, 2009.〕を、*Cahiers* I (p. 266) において「われらの超越的な糧を今日も与えたまえ」(Notre pain transcendant, donne-le-nous aujourd'hui.) と訳し直している点は注目すべきである。こ

の transcendant（超越的な）は、surnaturel（超自然的な）とほぼ同義であると考えることができる。ヴェイユによれば、私たちが神に願い求めるべきもの、そして神が私たちに与えることができるものは、肉体を生かすための食料ではなく、苦しむ人々への献身的な行為へと私たちを導く超自然的な愛、精神的な糧なのだ。

なお、Cahiers I の日本語訳『カイエ1』（山崎庸一郎・原田佳彦訳、みすず書房、425-426 ページ）の註によると、ヴェイユは、ξπιονσιος「日用の糧」を「supersubstantialis と訳した聖ヒエロニウスと同じく、『超自然の』とすることに固執した」という。

(14) ヴェイユの隣人愛についての考え方は論理的には矛盾している面もある。前述したように、彼女は『神を待ち望む』の中で、キリストの「神を愛しなさい」という戒めには、「神が訪ねてきてくださるよりも前から愛していなければならない」という意味があると述べ、その愛の対象として隣人を挙げているが、隣人を愛する愛は「私たちの中にいます神が不幸なものを愛する」ことであるとも述べている。

一方で、神がまだ来ていない時に愛しておかなければならないと述べながら、他方で、その愛は私たちの魂に降りてきた神のはたらきであるとも述べているのだ。ただここでそのような矛盾にこだわっても意味はない。大切なことは人間の魂と神との神秘的合一（霊的結婚）により、人間がおのずから 神の愛を実践できる存在になるというヴェイユの思想である。

(15) ヴェイユは、愛の根源に神を見出す根拠として、『新約聖書』の次の節を指摘している。

「愛する者たちよ。わたしたちは互いに愛し合おうではないか。愛は、神から出るものなのである。すべて愛する者は、神から生まれた者であり、神を知っている。愛さない者は、神を知らない」〔ヨハネの第一の手紙4・7-8〕。

(16) 十字架の聖ヨハネ（Juan de la Cruz、本名 Juan de la Cruz 1542-1591）はスペインの神秘思想家、教会博士、叙情詩人。著書に『カルメル山登攀（Subida del Monte Carmelo）』などがある。ヴェイユはこの十字架の聖ヨハネの神秘思想に強く共感し、彼の言葉をたびたび引用している。ヴェイユの「霊的結婚」という思想も十字架の聖ヨハネの「霊的結婚」の思想を彼女の視点からとらえ直したものであ

ると言える。
(17) *Attente de Dieu*, pp.149-150.
(18) *ibid.*, p.150.
(19) *ibid.*, p.150.
(20) *ibid.*, p.151.
(21) *Intuitions Pré-chrétienne*, p.144.
(22) *La Connaissance surnaturelle*, p.33.
(23) *Intuitions Pré-chrétienne*, p.153.
(24) *ibid.*, p.153.
(25) *Attente de Dieu*, p.112.
(26) *Intuitions Pré-chrétienne*, p.162.
(27) *Attente de Dieu*, p.170.
(28) *Intuitions Pré-chrétienne*, pp.155-156.
(29) ここでヴェイユが述べている「無関心」(indifference) とは、この世界に存在するものの価値の区別に無関心であるということ、無差別・公平であるということであり、存在そのものに無関心であるという意味ではない。存在するあらゆるものを取捨選択することなく（差別することなく）受け容れるということである。彼女は『カイエ』では、「必然とは知性にも把握できる神の無関心、すなわち神の公平さのイメージ」(*Cahiers* Ⅱ, p.204) と述べている。また、ヴェイユは存在するものすべての存在に等しく同意すること（普遍的同意）は「解脱と同一のものであり、最も微弱な、また外観は最高度に正当に見える執着でさえも、そのための障碍になる」(*Intuitions Pré-chrétienne*, p.157.) と述べている。
(30) *Intuitions Pré-chrétienne*, p.150.
(31) 前述したように、カミュの代表作の一つである『ペスト』では、主人公のリューが「子どもたちがこれほど苦しめられるようにつくられたこんな世界を愛することなど死ぬまで拒否したい」と述べている。これは小説中の人物の言葉であるが、カミュ自身も1948年に修道院で行った報告の中でも「子どもたちが苦しみ死んでいく世界に対して闘い続けるのです」と述べている。
(32) ヴェイユは「事実上存在するすべての存在、すべてのものが我々と

共存することを受け容れる」ことを強調するが、「我々がそれを避ける可能性と義務を持っている悪」を例外としている。すなわち彼女は人々を苦しめる悪と闘うことを否定しているわけではない。むしろ彼女はそのような悪と闘うことに献身した。この世界のすべての存在を受け容れるという姿勢は隣人愛の精神と矛盾するものではない。

(33) *Intuitions Pré-chrétienne*, p.149.
(34) *Attente de Dieu*, p.154.
(35) *Cahiers Ⅲ*, p.58.
(36) *Lettre à un religieux*, p.63.
(37) *Cahiers Ⅱ*, p.133.
(38) *Attente de Dieu*, p.160.
(39) *Cahiers Ⅲ*, p.68.
(40) *ibid.*, p.238.
(41) *Attente de Dieu*, p.175.
(42) 「主の御名を唱えること」とは、この場合念仏であると考えられる。
(43) *Attente de Dieu*, p.176.
(44) *ibid.*, p.177.
(45) ヴェイユは、ユダヤの宗教を、「大変に不完全な媒体であったに違いない」とし、また「ローマの宗教などは、たぶん、いかなる程度においても宗教の名に値しないもの」(*Attente de Dieu*, p.177.) と述べており、偶像崇拝への傾向を強めたと彼女が判断した「宗教」については他の宗教と同等の価値があるとは考えなかった。
(46) *Attente de Dieu*, p.180.
(47) *ibid.*, p.204.
(48) *ibid.*, p.207.
(49) *ibid.*, p.207.
(50) *ibid.*, p.98.
(51) *Cahiers Ⅲ*, p.28.
(52) *Pensées sans ordre concernant l'amour de Dieu*, pp.127-128.
(53) 魂がすでにこの世から離脱しているのに、神にまだ結びつくことができない期間（真空状態）のことをヴェイユは十字架の聖ヨハネの言葉を用いて「暗夜」(la nuit obscure) と表現する。

(54) ヴェイユはこのような「魂の死（霊的な死）」は、『新約聖書』の〔マルコによる福音書4・26-29〕の以下の箇所に示されているという。
「神の国は、穀物を土地に播いて夜昼寝たり起きたりしている人のようなものである。穀物は芽を出して成長していくが、その人はなぜそうなるか知らない。土地は自ずから実りをもたらす。まず芽、そして穂、さらに穂の中に麦がぎっしりつまる。土地が実りをもたらすと、すぐさま鎌を入れる。刈り入れの時がきたからである」。
ヴェイユはこの「刈り入れ」は「霊的な死」を意味するという。

(55) *Intuitions Pré-chrétiennes*, p.168.

(56) ヴェイユは、神（善）を能動的に探し求める行為ではなく、受動的に待ち望む必要性を強調し、「最も貴重な善は、探求されるものではなく、待ち望まれるものである。なぜなら人間は自分の力ではそのような善を見つけ出すことができないからである。もし善を求めて行動を始めてもその代わりに見出すものは、にせものの善にすぎず、それがにせものであると見分けることができないからである」（*Attente de Dieu*, p.93.）と述べている。

(57) *Attente de Dieu*, p.118.

(58) *ibid.*, pp.120-121.

(59) 解脱において不幸が「効果」を持つようになるには、まず人は自分の内側から「私」を滅ぼす努力をすることが大切であるとヴェイユは考える。その努力を行わない人の「私」が極度の不幸で外側から滅ぼされてしまうと「無神論的ないしは唯物論的な意味での消滅しか思い浮かばない」（*Cahiers* Ⅱ, p.246.）という。「私」を失ったからといって彼らがもう利己心を持たないわけではない。彼らはむき出しの「『私』のない利己心」を持つことがある、というのである。

(60) *Attente de Dieu*, p.121.

(61) 「神を待ち望む」状態においてなすべきこととして、ヴェイユは『神への愛についての雑感』（*Réflexions sans ordre sur l'amour de Dieu*〔『神の愛についての雑考』（*Pensées sans ordre concernant l'amour de Dieu*）所収〕）では、「すべてこの世のものに対しては例外なく愛を捧げることを拒み続ければそれで十分である」（p.43.）と述べている。隣人、世界の秩序、宗教的な勤めなどこの世のものへの愛を説

きながら、この世のすべてのものへの愛を拒むことを説くということとは、一見すると矛盾しているように思われるが、「愛」という言葉の意味に注意を払えば、それが矛盾ではないことが分かる。彼女が隣人、世界の秩序、宗教的な勤めなどへの愛を説く時、その愛は有限なものを有限なものとして愛する愛として説かれており、絶対的な善＝神を愛する愛とは本来性質を異にするのである。

(62) *Attente de Dieu*, p.214.
(63) *Cahiers* II, p.193.
(64) ヴェイユによると、人間は創造されることによって神から隔てられた。その結果、この世界の至る所に不幸や犯罪のかたちで悪があらわれることになった。しかしその創造は愛であって、隔たりもまた愛なのだ。ただ被造物はその隔たりの状態にとどまっていてはいけない。想像も及ばぬ愛でもって神の所まで昇らなければならないのである。

　このように創造されることによって神から隔てられた被造物が、解脱（自己無化）を成し遂げることによって再び神のもとへ還ることをヴェイユは「遡創造」（décréation）とよぶ。
(65) ヴェイユが示した神と人との「霊的結婚」は、宗教哲学者八木誠一氏が説く「作用的一」と同質のものであると考えることができる。八木氏は〔ヨハネによる福音書〕の「キリストにおいて神と信徒とは一だ」という言葉は、「人間のはたらきが神のはたらきによって成り立っていること」であるという。そしてそれを「はたらきの上での一（作用的一）である」という（この「はたらき」とはうちなるはたらき、すなわち精神的なはたらきである）。この「作用的一」は、人間神格化につながる「実体的一」とは異なったものとして示されている。（八木誠一著『回心　イエスが見つけた泉へ』ぷねうま舎、2016年、96ページ。）

第6章　真実の信仰と救い

　ヴェイユは、人間を選別し、戦争に介入するなど、律法の遵守などの条件を満たした特定の人間や国家・民族などの集団に（それ以外の他者〔他集団〕を犠牲にすることによって）利益を与えるために力を行使する神を「偶像」と形容した。また彼女は、人間の中の自我（moi）とは、「神の光を遮る罪と誤謬が投影する影」であると述べている。彼女にとって、力の神と自我はいずれも真理とは無縁のものなのだ。彼女の思想において、力の神への信仰と我執は深い関係にあると言うことができるのではないか。

　ヴェイユが認めた真の神とは、一定の条件を満たすことと引き替えに、人間に直接的な利益を与える神ではなく、自我を離脱（解脱）した人間の魂に宿り、その魂と一体化することにより、その人を純粋な愛の行為に導く神である。ヴェイユはそのような神の愛に生きることに救いを見出す。また彼女はそこに本来の信仰の姿を見出す。彼女は次のように述べている。

　　　神のために死ぬことは神への信仰を持つという証拠にはならない。不正行為を耐え忍んでいる、不快感を抱かせる未知の一人の前科者のために死ぬことが神への信仰を持つというあかしになる[1]。

　ヴェイユによれば、その人が真に信仰を持ち、神に忠実であるかどうかは、その人が神を信じているか、あるいは信仰箇条に全て同意しているかどうかということではなく、キリストが「すべて良い木は良い実を結び、悪い木は悪い実を結ぶ」と言っているように、

この世の苦しむ人々に対する態度によってうかがい知ることができる。多くの人々が、その存在すら見逃してしまうような苦難の中にいる無名の不幸な人々に注意を向け、彼らを神に由来する純粋な愛で愛する時、その人は信仰を持ち神を愛していると言える。そしてそれは神を否定している人の場合にもあてはまると彼女は考える。

　西洋では、神という言葉がふつうの意味では一個の人格を表しているので、その注意力と信仰と愛をほとんどもっぱら神の非人格的な面に向けている人々は、その魂には超自然的な愛が宿っているにもかかわらず自分を無神論者と思い込み、そういう風に公言している場合があります。この人々は間違いなく救われます。[2]

　不幸な人々に対して同情の気持ちが動く（これはたいへんまれなことであるが）人たちは誰でも、潜在的にではありますが、必ず現実に神への愛と信仰を持っているのです。[3]

　自分を愛するように隣人を愛する人は誰でもたとえ神の存在を否定しているとしても神を愛しています。[4]

　無神論者や〈未信者〉と呼ばれる人でも、純粋な同情心を持つことができれば、キリスト教徒と同じくらい神に近づいています。したがって、たとえ表現の言葉が異なったり沈黙を守っていても、彼等はキリスト教徒と同じくらい神を知っています。なぜなら「神は愛である」からです。[5]

　さらにヴェイユは、「純粋な慈悲の行いと両立しない神の概念は

第 6 章　真実の信仰と救い

すべて誤り」と見なす一方、「それ以外の神の概念は、程度の差はありますが、すべて真実です」と述べ、キリスト教以外の宗教を信仰する人であっても、隣人に純粋な慈悲心（愛）を抱く人は真の神を愛していると考えた。実際に〔ルカによる福音書〕で語られる良きサマリア人の話でも、ユダヤ人にとって宗教上の敵と見なされることもあったサマリア人を、キリストはその慈悲深い行いによって〈隣人〉として称えている。また彼女は、「この（良きサマリア人）のたとえ話は、隣人愛を実践する者は誰であろうと絶対に破門してはならないことを教会に教えていたはずではありませんか」と問いかけている。また彼女は、キリストが「あなたの敵を愛しなさい」という時の敵とは、「信仰の敵を意味するかもしれない」と述べている。

【註】
（1）　*La Connaissance surnaturelle*, p.95.
（2）　*Lettre à un religieux*, p.37.
（3）　*ibid.*, p.38.
（4）　*Cahiers* II , p.180.
（5）　*Lettre à un religieux*, p.39.
（6）　*ibid.*, p.42.
（7）　*La Connaissance surnaturelle*, p.311.
（8）　『新約聖書』の中のキリストの言葉の中には、信仰を持つことを救済の条件とするものもあるが、ヴェイユはその信憑性を疑っている。彼女は次のように述べている。
　「『信じて洗礼を受ける人は救われる。信じない人は滅ぼされる。信じる人々は、私の名によって悪魔を追い出し、新しい言葉を話し、蛇を握り、毒を飲んでも害を受けず、病人に手を置いて癒やすなどのしるしを見せるだろう』と。この基準によったならば、今日幾人の信者が存在するでしょうか。幸いなことに、この原典は信憑性のあるものではないようです」（*Lettre à un religieux*, p.60.）。

ヴェイユは、排他的・党派的な態度につながる信仰観や洗礼観を退けている。
　たとえばアウグスティヌスの「教会外にある者、つまり、キリスト教を信じていない者や異端者が正しい生活を送っている場合、その者は悪しき道を走る良き者と同じようなものである。よく走れば走るほど正しい道から遠ざかるのである」という言葉を取り上げ、その考え方の中に、「教会を対象とした社会的な偶像崇拝がある」(*Pensées sans ordre concernant l'amour de Dieu*, pp.52-53.) として批判している。
　またヴェイユは、トマス・アクィナスについては、「ただ一つの信仰箇条についてでも、同意を拒む者は信仰を全然持っていないのだとする聖トマスの主張は、異端者が隣人への愛徳を持ったためしがないことを証明できない限り間違いだということになります」(*Lettre à un religieux*, p.38.) と述べている。さらに彼女は、「教会が過去、現在、未来において教え、そして教えるであろうすべての事柄に無条件に、全体的に同意すること、すなわち聖トマスが信仰と名付けているものは、実は信仰ではなく、社会的な偶像崇拝である」(*La connaissance surnaturelle*, p.82.) としている。
　さらにヴェイユは、『新約聖書』の中では、無差別の愛が語られているにもかかわらず、洗礼に関するカトリックの教理の中には、それに反する部分があることを指摘して、カトリックの教理を次のように批判している。
　「『この世に来てすべての人を照らす真実の光があった』という言葉は、洗礼に関するカトリックの教理と全く反しています。もしそうなら、洗礼を受けようが受けまいが、聖言はすべての人の中に隠れて住むことになるからです。それでは聖言を魂の中に導入するものは洗礼ではなくなります」(*Lettre à un religieux*, p.74.)。

第7章　ヴェイユ最期の日々

　ヴェイユは、「小さき者」への献身的な行動を実践する生き方を貫く中でキリストと出会い、神の愛に生きることに救いを見出すことになった。しかし戦争は彼女の運命を大きく変えていく。ドイツ軍の侵攻により、パリが無防備都市の宣言を出した1940年6月、彼女は家族とともにパリから南フランスに逃れた。翌年の5月にはアメリカに向けて出発し、7月にはニューヨークに到着する。さらに同年11月には貨物船でロンドンに向け出発する。
　ヴェイユはロンドン到着後、「自由フランス政府」に合流した。彼女はフランスの被占領地域に再潜入することを考えていたが、病弱でしかも一目でユダヤ人と分かる彼女がそのような危険な任務につくことが許されるはずがなかった。彼女に与えられた任務は、戦争終結後のフランス再編成計画案を起草することであった。それは彼女が望んでいた任務ではなかったが、非常な熱心さでこの仕事に取りかかり、自分の事務室で徹夜をすることもたびたびあったという。それはすぐに限界に達した。1943年4月15日、彼女は家の床の上に意識を失って倒れているのが発見された。彼女はすぐに病院に運び込まれた。診断は「急性粟粒肺結核」であった。ただその時にはまだ回復の可能性は充分あったとされている。しかし彼女の容体は回復の方向へと向かわなかった。その主な理由は、「彼女があまりにもわずかなものしか食べなかった」からである。彼女は、彼女が借りていた部屋の主人であった女性が面会に来た時には、「国の人たちが苦しんでいるのがわかっているのに、私は、自分が幸福であったり、好きなままに食べたりできない」[1]と述べたという。また医師には、「自分の食べ物はフランス人捕虜に送ってもらいたい

と、繰り返し言っていた」。彼女は自分が他の人々以上に大きな恩恵（特に食料）を受けることに生涯抵抗を続けた。それは他者が受ける恩恵を減らしてしまうことになると考えたからである。

　その後ヴェイユは、サナトリウムに移されることになるが、体の衰弱はさらに進んでいった。そして８月24日夜遅く彼女は眠るように息を引き取ったという。死亡診断書には、死因は「心筋層の薄弱化、栄養不足ならびに肺結核による体力の減退に起因する心臓衰弱」と記されていた。ただこの後に、「患者は、精神錯乱をきたした一時期に、食料を忌避し、みずから命を絶った」という一文が続いていたという。彼女がほんのわずかしか食べなかったため、その死が自殺と判定されたのである。しかし彼女の死は本当に自殺と言えるものかどうかは分からない。彼女はもとより自殺は否定していた。また彼女は、病室で「自分にできるだけの力は尽くして、次第に多く食べられるように努力してみるから」とも言っていたという。彼女はごく若い頃より拒食症の症状があったとも言われる。さらに当時は肺結核に加えて、消化器系の急性疾患にもかかっていたので、食べようとしてもそれがたいへん困難であったとも考えられる。いずれにせよ彼女は祖国の解放を見ることなく、洗礼も受けずに、志半ばのまま、イギリスでそのわずか34年の生涯を終えることになったのである。当時の地方新聞には、「飢えで死ぬ。フランス人一教師の奇妙な犠牲行為」という表題の記事が掲載されたという。

【註】
(1)『評伝シモーヌ＝ヴェイユⅡ』、411 ページ。
(2) 同書、423 ページ。
(3) 同書、425 ページ。
(4) 同書、426 ページ。

結語　カミュとヴェイユにおける信仰と愛

　生きることを人間の当然の権利と考え、死を「閉じられた扉」、「永遠の不正」と見なしたカミュ。一方、生きることを神の犠牲と考え、死（魂の死）に救いを見出したヴェイユ。運命と闘おうとしたカミュ、運命を受け容れようとしたヴェイユ。この二人の人生観には確かに相違点は多い。また宗教についての見解も異なっている。

　カミュの神についての思想には不明確な面がある。彼は「私は無神論者ではありません」と述べたことがある。そして人間に「死」という運命を与えたとして神を責めている。一方で「神を信じていない」とも述べている。国際的な文学者であるオニミュスが述べているように、カミュは「神が存在しないから世界は不条理であるのか、神が存在するから悪いのは神であるのか、といったジレンマからついに脱け出すこがができなかった[1]」。しかし確かなこともある。それは彼が神を信仰し、その神の力にすがって救いや幸福を得ようとすることを一貫して拒否したということである。

　カミュの思想には、「絶対」を拒否したという点にも特徴があると言われる。

　大木健氏は、『シモーヌ・ヴェイユの生涯』の中で、モルスの「絶対という誘惑を拒否すること、カミュの短い生涯はこのことに使い果たされた[2]」という言葉を引用している。

　確かにカミュは、絶対神（力の神）への信仰を否定するとともに、神に代わってこの世を支配しようとする絶対的な原理を振りかざすことも強く否定した。しかし彼が否定したものは本当に「絶対」なのか。彼が否定したものは、本来は相対的なものであるはずの存在

や原理が絶対化・神格化されることではないのか。

　たとえば彼は人類への愛と信頼を様々な作品中で表現した。しかし人間の神格化には強く反対した。また、反抗者は「歴史の中で自己を肯定しようとする」と述べる一方で、「一瞬たりとも、歴史を絶対化しない」ともいう。さらに「革命的と自称する精神に特有の瞞着」は「絶対的正義の約束のもとに、永久的不正、きりのない妥協、卑劣などを受け容れさせる」が「反抗自身は相対的正義しか願わず、相対的正義とつりあった確実な威厳しか約束することができない」という。カミュが否定したものは「絶対」ではなく、ニヒリズムを生み出すものとしての、相対的なものの「絶対化」や「神格化」なのだ。

　カミュが説くニヒリズムとは、この世界のすべてが無意味であるとする思想ではなく、この世界の、本来は相対的な特定の思想（原理）や人間存在などを絶対化・神格化する一方、それ以外の存在への畏敬の念を見失い、絶対化・神格化したものの名におけるそれ以外の存在の破壊・抹殺を正当化する思想である。

　一方ヴェイユの場合はどうだろうか。大木健氏は、カミュは絶対という誘惑を拒否したとするモルスの指摘の後に「シモーヌ・ヴェイユにとって絶対は彼女の体質そのものである」と述べている。また哲学者のガブリエル・マルセルは、ヴェイユのことを「絶対の証人」とよんでいる。

　ヴェイユが「絶対の証人」とよばれる理由は、彼女の妥協を許さぬ一徹な性格、断定的な表現、自己に対する大変厳しい要求などがあると考えられる。また彼女は、神信仰を否定し続けたカミュとは異なり、3回のキリスト教（カトリック）との接触を経てキリストに深く傾倒することになる。そして真の神を「絶対的な善」とも表現した。これだけを取り上げるとカミュとヴェイユの思想には大き

な隔たりがあるようにも思える。しかし実は両者の間には大きな同質性もある。

　ヴェイユは神の愛に生きることを説いたが、力の神の存在は厳しく否定している。たとえば彼女は、イスラエル民族に勝利を得させるために戦争にまで介入する『旧約聖書』のヤーウェは「唯一絶対の神」とされているが、実はイスラエル人の民族的偶像にすぎなかったと考えた。もちろんヤーウェだけではない。彼女によると、この世界で直接に力を行使し、人間などを選別すると考えられる「神」（カミュが信仰の対象とすることを否定した神）は真の神、真の絶対ではなく、偽りの神（偽りの絶対、偶像）にすぎないというのだ。そしてこのように「偽りの」神を真の神として信じ崇拝すること（偶像崇拝）は真の神への接近を妨げるとともに、残虐な行為を正当化し、また社会的弱者に対する差別的な考え方を広める恐れがあると考えた。「全精神をあげて」キリスト教に心を開いたヴェイユではあるが、終生洗礼を受けることがなかった。その主な理由の一つは、キリスト教において、『旧約聖書』のヤーウェと福音書の中で祈願の対象となっている神が同一の存在と見なされているということである。神を、この世の出来事に介入し直接に力をふるう存在として考えれば、彼女の思想は無神論と見なされる可能性がある[3]。

　またヴェイユは、カミュと同様に、国家・民族・イデオロギー・未来の理想社会などの、人為的で、本来は相対的な特定の集団や存在、原理などを絶対化することも偶像崇拝とよび、やはり暴力的行為を誘発する危険性があるものとしてこれを強く否定している（彼女は「相対的なるものを絶対的と見なすことによって人間は矛盾の中に落ち込む」と述べている[4]。カミュもヴェイユもともに左翼的な立場に立ちながら、社会主義国家、マルクス主義やそれに基づく

革命理論を厳しく批判したのも、そこにこの種の絶対化・神格化（偶像崇拝）をいち早く見出したからである。このように力の神の存在（ヴェイユにとっては絶対化された偶像）とともにそれに代わる絶対化・神格化された存在や原理を崇拝することをもきびしく退けたという点でカミュとヴェイユには同質性がある。

　カミュとヴェイユがこの世界における力の神（偶像）の存在や絶対化された原理を否定した背景には、二人の合理的精神（特にヴェイユは合理主義者デカルトや不可知論者で無神論者であった彼女の父親の影響を影響を受けていることが考えられる）や人間の有限性についての自覚（根源的な罪や悪を免れない相対的存在である人間は、絶対的存在や原理を対象化して正しく認識し、それを振りかざすことはできないという認識）、そして人間への深い愛と理解があると考えられる。天災や戦闘、迫害などで犠牲になった人々に寄り添い、ともに苦しんだ彼らは、その苦しみを神の罰としても考えることができるような信仰を持つことはできなかった。また、自己が所属する集団以外の「他者」の苦しみにも強い共感を示したヴェイユの場合は、神が特定の民族（人間）を選別し、選別した民族（人間）に特別の恩恵を与えるために、それ以外の民族（人間）を犠牲にするという差別的な行動を取ると信じることもできなかった。カミュとヴェイユは人々を苦しみから救済することを神の直接的な力に任せようともしなかった。そして彼らは、絶対化・神格化された原理の名の下に、人々が抑圧され、傷つけられ、殺されていくことにも耐えられなかった。彼らは抽象的な原理よりも生きた人間を愛する者であった。ただカミュの場合は、力の神への信仰の否定が神信仰そのものの否定につながったが（カミュは神をもっぱら力の神として理解した）[5]ヴェイユの場合は、力の神を否定する一方でそれとは異なる神を見出した。そしてそれを真の神、「絶対的な善」で

あると考えたのだ。

　ヴェイユが認めた神（ヴェイユはそれを「天上の神」とも表現した）は、この世では（イエスが語ったように）隠れていて誰も見ることはできない。またそれは対蹠物を持たない。その神は「絶対的な善」と表現されるが、自分だけを真の神と称して、自らを否定する者や自らが授けた律法を守らない者などを罰するような絶対者ではない。その神は、敵・味方、善悪・正邪などの違いによって人々を差別・選別することなく、すべてを包み込む。すなわちそれは人間社会に見られる価値の区別や対立を超える、という意味での「絶対」であって、本来は相対的な価値の区別が、人間社会だけでなく、形而上界にも根を張った神聖不可侵なものであるかのように見なされ、固定化されることによってつくられる偽りの「絶対」（偶像）ではないのだ。

　偽りの「絶対」（偶像）を崇拝することは、選別と排除の論理やニヒリズムを生み出すことがある。一方、価値の区別や対立を超えた「絶対善」としての神を愛することはこの世に存在するすべてのものを受け容れることになる。その「絶対善」は、万物の根源でありながら意図的な選択を行わないという意味で、カミュが『結婚』などで表現した「人間のいない自然」や老子の「タオ（道）」などと同質性を持つものである。

　またヴェイユはそのような神を「自己否定を本質とする人格」（「無人格」）としても理解した。このような理解は神への愛と人々への愛を結びつける。

　キリストは、あらゆる律法の基礎として二つの戒めを示した。そのうち最も重要な第一の戒めは「主なるあなたの神を愛せよ」である。第二の戒めは「隣人を愛せよ」である。そして彼は、第二の戒めは第一の戒めと同様である、と述べた〔マタイ22・37-39〕。し

かし神を、怒りや妬みなどの人間的感情を持つ存在（エゴを持つ人格的存在）であると考えるなら、神への愛と人間への愛は両立し難くなる場合もあろう。なぜなら人間が神を差し置いて他の人間を愛することがあれば、それが神を怒らせることになると考えられるからである。その例としてヴェイユは、ある人物が、泥の中に車がはまって苦しむ農民の手助けをしたために、神との約束の時間を守れず、神が立ち去ってしまったというロシアの伝説（聖ニコラウスの伝説）を挙げている（『超自然的認識』などに所収。前述したように、同様の伝説はカミュの『正義の人々』の中に聖ドミトリの伝説として挿入されている〈第１部第４章『正義の人々』参照〉）[6]。

しかし神が「自己否定を本質とする人格」であるとすればその在り方はまったく異なったものとなる。ヴェイユはそのような神の愛を象徴する言葉として、「あなたがたによく言っておく。わたしの兄弟であるこれらの最も小さい者のひとりにしたのは、すなわち、わたしにしたのである」[7]という〔マタイによる福音書〕（25・40）の一節をしばしば引用している。

「自己否定を本質とする人格」とは、ヴェイユの場合、錯誤や罪の部分を否定した人格（我執から離脱〈解脱〉した人格）を意味しているが、それは直接的な自利よりも利他の方を強く求め、利他をはかり、他者（特により大きな苦難のなかにある他者）が救済されることを真の自利（自分の幸福）とする[8]。また誰かが大きな苦難の中にいる人々に奉仕をすることを自分に対する奉仕として考える。それゆえ人々（特に大きな苦しみの中にある人）を愛することと神を愛することが同様のことになる。そして、神に対する最大の冒瀆は、神を信じないこと（否定すること）ではなく、「苦しむ者たちに対して冷淡であること」になる[9]。

前述したように、ヴェイユは、「人間はまた、犠牲のために生ま

結語　カミュとヴェイユの信仰と愛

れてきたということを感じている」と述べている。自分以外の何ものかのために自己を犠牲にすることは崇高な生き方であると考えることもできる。ヴェイユ自身もその生き方を貫こうとした。しかし、自己否定をせず、自利の追求を優先し、自分自身の拡大を目指して突き進む偶像（絶対化された国家や神格化された人物など）を崇拝して、そのために自己を犠牲にし、献身することは、しばしば敵と見なした者やより小さく弱い者などを力によって破壊する行為（侵略戦争やテロなど）に加担することになる。「〇〇のためにいのちを捧げる」というような「気高い？」決意に基づいて行動を起こしても、それが恐ろしい蛮行に手を染める結果になることも少なくない。ヴェイユはそのような偶像崇拝を厳しく批判した。一方、自己否定を本質とした神、他者が幸福になることを自分の幸福とする神を愛することは、より小さく弱い者などへの愛の実践に向かうことになる。ヴェイユが求め続けた真実の自己犠牲はそのような愛の実践によって成し遂げられるのだ。

ヴェイユは、自らの体験を通して「最高のものの秘奥においては神への愛と隣人愛はただ一つのものとなる」[10]と述べている。彼女はキリストに傾倒していく中で、純粋な人間愛の精神と両立する神概念を『新約聖書』の中の彼の言葉の中に見出し、それを神についての正しい理解の仕方であると考えるに至った。

さらにヴェイユは、神はこの世に不在で、直接に力を行使することはないが、その愛は解脱した人間の魂に宿ると考えた。神を愛することと隣人を愛することは同様のことであるが、私たち人間が抱く隣人愛も実は「神から人間の方へ下って行く愛」であるというのだ。言い換えれば、隣人愛は、私たちの魂の中に生きる神の愛に導かれた愛なのだ。そして前述したように、彼女は、純粋な愛を実践する者はたとえ神を否定していても実は「神への愛と信仰を持って

いる」と見なした。こうしたヴェイユの見解に基づいて考えてみると、カミュの諸作品に登場し、献身的で純粋な愛の実践者として描かれている人物、たとえば『ペスト』のリューやタルーなどは明確に神信仰を否定しているが、実は真の神を愛している人間と見なすことができるのではないだろうか。『ペスト』は最も反キリスト教的な作品とされているが、そこには純粋な愛の精神と行動が描かれている。それ故、神を力ではなく、愛として理解したヴェイユの視点に立てば、その主人公たちは、神を愛しているとさえ言うことができるとも考えられる。

　カミュは神信仰を否定し、神への愛ではなく人間愛をテーマとした作品を数多く発表した。ヴェイユもまた人間愛を生涯にわたって求め続けた。しかし彼女はより純粋な人間愛を求めてゆく中で、それがキリストの教えと生き方の中に見出されることに気づき、キリストに傾倒するようになった。そして偽りのない純粋な人間愛は自己否定を行わない偶像への崇拝とは両立し難いが、決して（自己否定を本質とする）真の神への愛と対立するものではなく、キリストが述べるように、神への愛と人間への愛は重なるものであるということをあらためて理解するようになったのである。

　やがてカミュはこのようなヴェイユの思想を知ることになる。そして彼はそのヴェイユの思想に影響を受けたことも考えられる。実際にカミュがヴェイユの思想と出会った1946年以降に書かれた作品では、神を信じない、という態度は不変であるが、キリストに対するとらえ方がより好意的なものへと変化していることにも注目したい。

　1951年に発表された『反抗的人間』では審判の思想、賞罰の相関的観念（直線的歴史観）を持つことになった「キリスト教」が批判されているが、それらの思想については、「キリストにまったく

結語　カミュとヴェイユの信仰と愛

関係のない」もので、「キリスト教が教祖の使命に加えた重大な腐敗」と述べ、明確に「キリスト」を擁護しようとする姿勢が見られる。彼はそれ以前より「キリスト教」を批判しても、高潔な人間「キリスト」の苦難を思いやり、キリストに対する批判的な言葉を避けていたが、この作品では、その傾向がより明確になっていると言えよう。

　また前述したように、ギリシャ思想と結びついたキリスト教については、「アルビジョア派としてのすばらしい開花と他方では聖フランチェスコ」を生み出す、としてその価値を高く評価している。

　1956年に発表された『転落』では、キリストに好意を示す主人公クラマンスの「彼は超人間ではなかった。〈中略〉彼は死の苦悶に声を出して叫んだ。だからこそ私は彼が好きなのです」という言葉がある。

　これはあくまで作品中の登場人物の言葉であるが、前述したように、カミュは自身とクラマンスとの共通点として、「キリスト教徒の最初の人物（イエス・キリスト）にたいそう親近感」を持ち、「彼の生き方を、彼の死に方を尊敬して」いることを挙げているので、このクラマンスの言葉にはカミュ自身の思いが込められていると言える。

　さらに前述したように、カミュは1957年にノーベル文学賞を受賞した後に、スウェーデンのウプサラ大学において行った講演において、芸術家は人の罪を赦し、生きている被造物を隣人愛ゆえに弁護すると語っている。罪の赦しと隣人愛はキリストの教えの要である。

　カミュは少年時代にカトリックの洗礼を受けた。そしてキリスト教には一定の関心と理解を示していた。彼の大学の課程修了論文のテーマは、ギリシャ思想とキリスト教との関係について論じた『キ

リスト教形而上学とネオプラトニズム』である。彼は師グルニエへの手紙の中で「私は福音書の偉大さを認めるのにやぶさかではない」と述べている。彼の諸作品で表現された愛と寛容の精神にはキリストの教えとの同質性も認められる。しかし多くの人々（特にいたいけな子どもたち）が様々な災厄の犠牲になって不当に死んでいくというこの世界の中で、その世界を創造し、世界の出来事に介入しているとされる神が存在するならば、その創造は不正なものであると考えた。またそのような神への信仰に基づいたキリスト教などに見られる、霊魂の不死（永遠の生命）に対する信仰が「極刑に根拠を与える」と考えた。そこで彼は、神への信仰を拒否し、キリスト教を厳しく批判するようになった。そのカミュに影響を与えたと考えられるのがヴェイユの諸作品である。

　カミュはヴェイユを知った時、この世界のあらゆる存在や原理の絶対化・神格化を否定し、ファシズムの脅威だけではなく、社会主義国の全体主義体制やマルクス主義の矛盾をも鋭く大胆に追求する彼女に、ニヒリズムを乗り超えた思想家の姿を見出したのではないだろうか。また自分と同じ問題意識をもつ先駆者を発見したと思い、自らの思想に対する自信を深めたのではないだろうか。さらに彼女の言葉を通してキリストの深い愛に基づいた教えをあらためて認識するとともに、純粋な人間愛の精神に沿った神信仰の在り方を知り、それによって自らの思想をより豊かなものにしていったのではないだろうか。

【註】
(1) ジャン・オニミュス著、鈴木悌男・浜崎史朗訳『作家と人間叢書　カミュ』ヨルダン社、1975年、53ページ
(2) 大木健著『シモーヌ・ヴェイユの生涯』勁草書房、1974年、148ページ。
(3) ヴェイユは、偽りの神を真の神と取り違えることを防ぐための無神

結語　カミュとヴェイユの信仰と愛

論には一定の意義があると考え、次のように述べている。
　「二つの無神論がある。そのうちの一つは神の概念を浄化するものである」（Cahiers Ⅰ, p.257.）。
　「浄化の様式。神に祈る時、人々から隠れて祈るだけでなく、神は存在しないと考えて祈ること」（Cahiers Ⅰ, p.268.）。

(4) Cahiers Ⅱ, p.13.
(5) カミュは、大学の課程修了認定論文において、ネオプラトニズムのプロティノスについての考察を行い、プロティノスにおいては、「神はいかなる存在にも内在せず、あらゆる存在が神に内在している」とする思想が見られることを指摘している。このことから、カミュは、「力の神」の概念ではとらえきれない、神秘主義的要素も含んだ神学思想があることを理解していたと考えられる。しかしその後彼は、そのような神についての思想を、本来の神の姿を示すものとして主張することはなかった。
(6) カミュの作品である『正義の人々』の中の大公妃の「神から離れて愛はありません」という言葉の後に、カリャーエフの「人類のための愛がある」という言葉が続いているが、このカリャーエフの言葉の中にも神への愛と人間への愛は別のものであるとする考え方が見られる。
(7) この〔マタイによる福音書〕の記述は、「最も小さい者のひとり」に奉仕した者が、キリストに奉仕した者と見なされて、最後の審判においてその救いが告げられる、という内容になっている。前述したように、ヴェイユはこの世の終わりに最後の審判が行われることを前提とした直線的歴史観には信をおいていないが、この記述について述べる際には、その歴史観の問題にはふれていない。ただキリストが、「最も小さい者のひとり」への奉仕を自己への奉仕と見なしたという点だけが強調されている。なおこの言葉は、〔マタイによる福音書〕だけに見られるので、「最も小さい者」とは、マタイが組織した教団の人間である、という解釈もある。しかしヴェイユはそれを特定の集団に属する限られた人間ではなく、この世界の「特に大きな苦難の中にいる人々」の意味にとらえている。
(8) 前述したように、ヴェイユは神について「自己自身を否定することによって自己を超えてゆく人格の神による模範」と表現している。こ

こで彼女は「自己自身を否定する」と表現しているが、それは錯誤や罪の部分を否定するという意味であって、人格そのものを全面的に否定するという意味ではない。むしろそのような「自己否定」によって本来のあるべき「人格」が形成されると考えるべきである。

(9) 『前キリスト教的直観』には、「苦しむものたちに対する冷淡さ以上に大きな冒涜はない」という言葉が見られる〔*Intuitions Préchrétiennes*, p.108.〕。

(10) *La Connaissance surnaturelle*, p.132.

(11) ヴェイユの場合、厳密に言えば、神を愛するということは、実は（古い）「私」が消え去ってその人々の魂に宿った神の愛が神自身を愛することになる。

あとがき

　私は高校生の頃に、カミュの『正義の人々』や『反抗的人間』等の作品を読み、大きな感銘を受けたことを覚えている。当時は東西冷戦の時代で、両陣営が厳しく対立し、世界各地で血なまぐさい戦争（東西両陣営の代理戦争であったことも少なくない）や独裁政権などによる自由を求める人々への過酷な弾圧などが繰り返されていた。また、地球規模の環境破壊や資源の枯渇が世界全体の問題として認識され始めていた。そのような状況の中で、東西両陣営の非人道的な行為を告発し、資本主義と社会主義の経済体制をどちらも生産至上主義と進歩の幻想に取りつかれたものとして厳しく批判するカミュの言葉には説得力があると思った。

　私がシモーヌ・ヴェイユという思想家を知ったのは、カミュの作品を読み始めて間もない頃であった。私が初めて読んだヴェイユの作品は『神を待ち望む』であったが、私はそこに表現されている、彼女の純粋な精神、弱者に対する深い愛に強く惹かれ、短期間に当時入手できた日本語に訳された彼女の作品の大半を読み終えた。

　また、これは前著『シモーヌ・ヴェイユと神の愛』のあとがきにも記したが、私は、大学卒業後プロテスタントの教会に通っていた時、そこの洗礼準備会で配られた信仰問答の中に、全能の神を信じることや受洗を神による救済の条件とする条項を見出し、それにどうしても納得することができずに悩んだ。そのような時に、キリストに心酔しながらも、「神を信じる必要がない」と述べ、東洋の宗教や思想とキリストの教えとの同質性を説くヴェイユの著書を読むことで、宗教の本来の姿を見出したように思った。

　神の名を語るテロが各地で繰り返されるとともに、不寛容で排他

的な勢力が台頭している現代、そのような状況を打開し、持続可能でより開かれた共生社会を築く上でカミュとヴェイユの思想は大変有益な示唆を与えてくれると私は考える。

　カミュとヴェイユの思想から私たちが学ぶことができるものは多い。本書が二人の思想のより深い理解に役立つならば幸いである。

　本書の執筆から完成に至るまで筆者を励まし指導してくださった西南学院大学名誉教授の森泰男先生およびパリ大学博士（哲学）にして九州大学名誉教授・元西南学院大学教授の末松壽先生には心からの感謝をささげたい。また、出版を引き受けてくださった梓書院の森下駿亮氏および前田司氏にも厚くお礼申し上げる。

【参考文献】

〈カミュの著書〉

◇ ŒUVRES COMPLÈTES Ⅰ, Gallimard, 2006.
- ・ *L'Envers et L'Endroit*
- ・ *L'Étranger*
- ・ *Le Mythe de Sisyphe*

◇ ŒUVRES COMPLÈTES Ⅱ, Gallimard, 2011.
- ・ *Articles publiés dans Combat*
- ・ *L'Incroyant et les Chrétiens*
- ・ *Lettres à un ami allemand*
- ・ *La Peste*
- ・ *Ni victimes ni bourreaux*
- ・ *Non, je ne suis pas existentialiste.*

◇ ŒUVRES COMPLÈTES Ⅲ, Gallimard, 2011.
- ・ *Les Justes*
- ・ *L'Homme révolté*
- ・ *Actuelles Ⅱ, Lettres sur la révolte*
- ・ *Terrorisme et répression*
- ・ *La Chute*

◇ Albert Camus, ŒUVRES COMPLÈTES Ⅳ, Gallimard, 2008.
- ・ *Réflexions sur la guillotine*
- ・ *Discours de Suède*

◇ Albert Camus, Théâtre,récits,nouvelles, Gallimard, 1999.
- ・ *Requiem pour une nonne*

〈カミュ作品の日本語訳〉
・大久保輝臣・高畠正明・滝田文彦訳『カミュ全集1 アストゥリアスの反乱、裏と表、結婚 他』新潮社、1975年。
・入沢康夫・清水徹・中村光夫・宮崎嶺雄訳『カミュ全集2 異邦人、シーシュポスの神話 他』新潮社、1972年。
・安藤元雄・入沢康夫・大木健・加藤晴久・鬼頭哲人・窪田般弥・白井浩司・滝田文彦・古屋健三・松崎芳隆・森本和夫・渡辺守章訳『カミュ全集3 カリギュラ、誤解、ドイツ人の友への手紙 他』新潮社、1972年。
・宮崎嶺雄訳『カミュ全集4 ペスト 他』新潮社、1972年。
・大久保輝臣・白井健三郎・高山鉄男・田中淳一・古屋健三・森本和夫・若林真訳『カミュ全集5 戒厳令、正義の人々他』新潮社、1977年。
・佐藤朔・白井浩司訳『カミュ全集6 反抗的人間』新潮社、1973年。
・安藤元雄・石沢秀二・窪田般弥・塩瀬宏・高山鉄男・滝田文彦・田中淳一・若林真訳『カミュ全集7 十字架への献身、精霊たち、夏 他』新潮社、1978年。
・安堂信也・安藤元雄・菅野昭正・窪田般弥・佐藤朔・鷲見洋一・田中淳一・森本和夫訳『カミュ全集8 ある臨床例、転落 他』新潮社、1973年。
・大久保輝臣・清水徹・鷲見洋一・松崎芳隆・山崎庸一郎・渡辺守章訳『カミュ全集9 尼僧への鎮魂歌、オルメドの騎士・ギロチン 他』新潮社、1973年。
・井上究一郎・菅野昭正・窪田啓作・窪田般弥・白井健三郎・鷲見洋一・高山鉄男訳『カミュ全集10 追放と王国、悪霊 他』新潮社、1978年。
 ＊カミュのテクストからの引用文の翻訳にあたっては、上記の邦訳文献を参考にさせて頂いた。
・佐藤朔訳『革命か反抗か －カミュ＝サルトル論争－』講談社 1969年。

〈カミュ関連の日本語文献〉
- フィリップ・ソディ著、安達昭雄訳『アルベール・カミュ』紀伊國屋書店、1974年。
- ジャン・オニミュス著、鈴木悌男・浜崎史朗訳『作家と人間叢書 カミュ』ヨルダン社、1975年。
- 寺沢恒信著『サルトルとカミュ －自由と革命－』清水弘文堂、1976年。
- 西永良成著『評伝 アルベール・カミュ』白水社、1976年。
- 井上正著『人と思想167　アルベール＝カミュ』清水書院、2000年。
- ジャン・グルニエ著、大久保敏彦訳『アルベール・カミュ －思い出すままに－』国文社、2004年。

〈シモーヌ・ヴェイユの著書〉
- ŒUVRES COMPLÈTES Ⅰ, Gallimard, 2010.
- *L'Enracinement*, Collection Espoir, fondée par Albert Camus, Gallimard, 1949.
- *La Connaissance surnaturelle*, Collection Espoir, Gallimard, 1950.
- *La Condition ouvrière*, Collection Espoir, Gallimard. 1951.
- *Lettre à un religieux*, Collection Espoir, Gallimard, 1951.
- *Oppression et liberté*, Collection Espoir, Gallimard, 1955.
- *Écrits de Londres et dernières lettres*, Collection Espoir, Gallimard, 1957.
- *Écrits historiques et politiques*, Collection Espoir, Gallimard, 1960.
- *Pensées sans ordre concernant l'amour de Dieu*, Collection Espoir, Gallimard, 1962.
- *La Source grecque*, Collection Espoir, Gallimard, 1963.
- *Sur la Science*, Gallimard, 1966.
- *Attente de Dieu*, Fayard, 1966.
- *Poèmes suivis de Venise sauvée*, Collection Espoir, Gallimard, 1968.
- *Cahiers* Ⅰ, Plon, 1970.

・*Cahiers* Ⅱ, Plon, 1972.
・*Cahiers* Ⅲ, Plon, 1975.
・*Intuitions Pré-chrétiennes*, Fayard, 1985.

〈シモーヌ・ヴェイユの講義録〉
・Anne Reynaud, *Leçons de philosophie de Simone Weil*, Plon, 1959.

〈シモーヌ・ヴェイユ作品の日本語訳〉
・橋本一明・伊藤晃・根本長兵衛・山本顕一・松崎芳隆・花輪莞爾・渡辺義愛訳『シモーヌヴェイユ著作集Ⅰ 戦争と革命への省察 －初期評論集－』春秋社、1975年。
・橋本一明・山本顕一・松崎芳隆・花輪莞爾・中田光雄・山崎庸一郎訳『シモーヌ・ヴェイユ著作集Ⅱ ある文明の苦悶 －後期評論集－』春秋社、1979年。
・渡辺義愛・渡辺一民訳『シモーヌ・ヴェイユ著作集Ⅲ 重力と恩寵、救われたヴェネチア』、春秋社、1981年。
・渡辺秀・大木健訳『シモーヌ・ヴェイユ著作集Ⅳ 神を待ち望む 他』春秋社、1987年。
・山崎庸一郎訳『シモーヌ・ヴェイユ著作集Ⅴ 根を持つこと』春秋社、1967年。
・福居純、中田光雄訳『科学について』、みすず書房、1976年。
・渡辺義愛訳『神の愛についての雑感』(『現代キリスト教叢書6 ヴェーユ ボンヘッファー』所収)、白水社、1974年。
・田辺保訳『超自然的認識』勁草書房、1976年。
・黒木義典・田辺保訳『労働と人生についての省察』勁草書房、1981年。
・冨原眞弓訳『ギリシアの泉』みすず書房、1988年。
・石川湧訳『抑圧と自由』東京創元社、1977年。

・田辺保・杉山毅訳『ロンドン論集と最後の手紙』、勁草書房、1976年。
・山崎庸一郎・原田佳彦訳『カイエ1』みすず書房、1998年。
・田辺保・川口光治訳『カイエ2』みすず書房、1993年。
・冨原眞弓訳『カイエ3』みすず書房、1995年。
・冨原眞弓訳『カイエ4』みすず書房、1992年。
　＊ヴェイユのテクストからの引用文の翻訳にあたっては、上記の邦訳文献を参考にさせて頂いた。

〈シモーヌ・ヴェイユ関連の日本語文献〉
・アンヌ・レーノー編、渡辺一民・川村孝則訳『シモーヌ・ヴェイユ 哲学講義』人文書院、1981年。
・大木健著『シモーヌ・ヴェイユの生涯』勁草書房、1974年。
・M・M・ダヴィ著、田辺保訳『シモーヌ・ヴェイユ入門』勁草書房、1968年。
・M・M・ダヴィ著、山崎庸一郎訳『シモーヌ・ヴェイユの世界』晶文社、1995年。
・大木健著『シモーヌ・ヴェイユの不幸論』勁草書房、1974年。
・ロバート・コールズ著、福井美津子訳『シモーヌ・ヴェイユ入門』平凡社ライブラリー、1997年。
・シモーヌ・ペトルマン著、杉山毅訳『評伝シモーヌ・ヴェイユⅠ』勁草書房、2002年。
・シモーヌ・ペトルマン著、田辺保訳『評伝シモーヌ・ヴェイユⅡ』勁草書房、2002年。
・宇田達夫著『シモーヌ・ヴェイユの死と信仰』教文館、1980年。
・冨原眞弓著『人と思想107　ヴェーユ』清水書院、1992年。
・冨原眞弓著『シモーヌ・ヴェイユ　力の寓話』青土社、2000年。
・冨原眞弓著『シモーヌ・ヴェイユ』岩波書店、2002年。

・ミクロス・ヴェトー著、今村純子訳『シモーヌ・ヴェイユの哲学　その形而上学的転回』慶應義塾大学出版会、2006 年。
・今村純子著『シモーヌ・ヴェイユの詩学』慶應義塾大学出版会、2010 年。
・鈴木順子著『シモーヌ・ヴェイユ「犠牲」の思想』藤原書店、2012 年。

〈聖書〉
・『聖書』日本聖書教会、1975 年。
　＊本論文の聖書の言葉は、上記の聖書の訳文による。ただし日本語文献における聖書の引用は、その著者の訳文によった。また、ヴェイユの著書からの引用においては、ヴェイユの原文から訳した。

〈辞典〉
・『哲学事典』平凡社、1976 年。

〈西洋哲学・思想及び宗教関連の日本語文献〉
・ホアン・カトレット著『十字架の聖ヨハネの霊性』高橋敦子訳、中央出版社、1982 年。
・シモーヌ・ペトルマン著、神谷幹夫訳『二元論の復権　グノーシス主義とマニ教』教文館、1985 年。
・十字架の聖ヨハネ著、山口・女子カルメル会改訳『暗夜』ドン＝ボスコ社、1987 年。
・山形謙二著『隠されたる神　苦難の意味』キリスト新聞社、1992 年。
・ルネ・ネッリ著『異端カタリ派の哲学』柴田和雄訳、法政大学出版局、1996 年。
・小田垣雅也著『現代のキリスト教』講談社学術文庫、1996 年。
・湯浅泰雄著『ユングとキリスト教』講談社学術文庫、1998 年。
・ジェフリー・パリンダー著、中川正生訳『神秘主義』講談社学術文庫、

2001年。
・田川建三著『キリスト教思想への招待』勁草書房、2004年。

〈東洋哲学・思想及び宗教関連の日本語文献〉
・森三樹三郎著『「無」の思想』講談社現代新書、1969年。
・守屋洋著『老子』PHP文庫、1988年。

〈比較文化関連の日本語文献〉
・八木雄二著『イエスと親鸞』講談社選書メチエ、2002年。
・八木誠一著『場所論としての宗教哲学』法藏館、2006年。
・八木誠一著『〈はたらく神〉の神学』岩波書店、2012年。
・八木誠一著『回心 イエスが見つけた泉へ』ぷねうま舎、2016年。

〈その他の日本語文献〉
・D・H・メドウズ、D・L・メドウズ、J・ラーンダズ、W・W・ベアランズ三世著、大来佐武郎監訳、『成長の限界』ダイヤモンド社、1985年。

※本書のシモーヌ・ヴェイユの写真は、大木健著『シモーヌ・ヴェイユの生涯』(勁草書房、1974年発行)で使用されたものを勁草書房の許可を得て掲載したものである。
※本書のアルベール＝カミュの写真は、井上正著『人と思想167　アルベール＝カミュ』(清水書院、2000年発行)で使用されたものを、清水書院の許可を得て掲載したものである。

著者略歴

林　裕之（はやし　ひろゆき）

西南学院大学文学部卒業

西南学院大学大学院文学研究科修士課程修了、博士後期課程単位取得満期
退学（フランス現代思想・文学、宗教哲学専攻）

元 西南学院大学、西日本工業大学非常勤講師（フランス語担当）

現在　山口県立長府高等学校教諭（倫理、政治・経済担当）

著書『シモーヌ・ヴェイユと神の愛』（梓書院）

主要論文　『アルベール・カミュにおける超越の問題について』
　　　　　『シモーヌ・ヴェイユにおける摂理と必然性の問題について』
　　　　　『シモーヌ・ヴェイユにおける死の意味について』

カミュとヴェイユ ―信仰（しんこう）と愛（あい）をめぐって―

2019年10月1日発行

著　者　林　裕之

発行者　田村志朗

発行所　㈱梓書院　　〒812-0044
　　　　　　　　　　福岡市博多区千代3-2-1
　　　　　　　　　　電話 092（643）7075

印刷・製本　シナノ印刷㈱

ISBN978-4-87035-655-9
© Hiroyuki Hayashi 2019　Printed in Japan
乱丁本・落丁本はお取替えいたします。